数字经济与国际贸易创新发展

任媛媛　著

中国商务出版社

·北京·

图书在版编目（CIP）数据

数字经济与国际贸易创新发展／任嫒嫒著. -- 北京：
中国商务出版社，2024. 6. -- ISBN 978-7-5103-5238-6

Ⅰ. F752

中国国家版本馆 CIP 数据核字第 2024UV6043 号

数字经济与国际贸易创新发展

任嫒嫒　著

出　　　版：中国商务出版社有限公司

地　　　址：北京市东城区安定门外大街东后巷 28 号　　邮　　编：100710

网　　　址：http://www.cctpress.com

联系电话：010-64515150（发行部）　010-64212247（总编室）
　　　　　　010-64243656（事业部）　010-64248236（印制部）

责任编辑：李自满

排　　　版：郑州博图文化传播有限公司

印　　　刷：北京九州迅驰传媒文化有限公司

开　　　本：787 毫米×1092 毫米　　1/16

印　　　张：9　　　　　　　　　　　　字　　数：154 千字

版　　　次：2024 年 6 月第 1 版　　　　印　　次：2024 年 6 月第 1 次印刷

书　　　号：ISBN 978-7-5103-5238-6

定　　　价：45.00 元

前　言

随着科技的不断进步和全球化的深入发展,数字经济已经逐渐成为推动世界经济发展的重要引擎。国际贸易也正在经历一场由数字技术驱动的创新革命。在这场革命中,传统的贸易模式、交易方式和价值链正在被重塑,为世界各国带来了前所未有的机遇和挑战。

数字经济与国际贸易创新发展之间存在着密切的关联。数字经济的快速发展为国际贸易的创新提供了强大的技术支撑和动力源泉,国际贸易的创新发展又进一步推动了数字经济的深入发展和完善。二者的相互促进和融合,为世界各国带来了巨大的发展潜力和空间。

本书以数字经济概述为切入点,分别对数字经济的商业模式、国际贸易的创新发展模式、数字经济时代的国际贸易规则、数字经济与国际贸易的创新实践进行研究与讨论。希望本书的介绍能够为读者提供数字经济与国际贸易创新发展方面的帮助。

本书在撰写过程中参阅了大量同领域的专著及文献,在此向这些作品的作者表示衷心感谢。由于时间仓促,书中难免存在疏漏,不足之处恳请读者批评指正。

编者
任媛媛

2024 年 3 月

目　录

第一章　数字经济概述

第一节　数字经济的基本概念

一、数字经济的定义与特征

(一)数字经济的定义

数字经济是指利用数字技术和互联网等信息通信技术推动经济发展、提升经济效率和创造经济价值的经济形态。数字经济利用数字技术实现信息的数字化、网络化和智能化,通过数字化的信息和数据进行生产、流通、消费和管理,为经济增长和创新提供了新的动力和机遇。

数字经济以信息和数据为核心资源。在数字经济时代,信息和数据成为非常宝贵的资源,它们不仅可以作为生产要素,还可以通过挖掘和加工带来新的商业模式和商业价值。信息与数据的规模和速度在不断增长,促使数字经济的发展也越来越迅猛。

数字经济具有高度的数字化和网络化特征。数字技术的发展使得各种经济活动可以通过网络实现,数字经济推动了经济活动的跨时空和跨地域的无缝连接。数字化和网络化带来了经济活动的高效性、便利性和创新性,为各行各业提供了更多的机会和挑战。

数字经济还具有强大的创新能力和变革能力。数字技术的进步和应用,不仅改变了传统行业的生产方式和商业模式,还催生了新的商业模式和新的产业形态。数字经济极大地推动了经济结构的转型和优化,促进了产业的升级和创新的加速。

(二)数字经济的基本特征

数字经济作为一种新型经济形态,在其发展过程中形成了一系列的基本特征。

1.数字化

数字技术的普及和应用使数字经济在生产、流通、消费等环节实现了数字化管理和运营。通过数字化的方式,信息能够以高速、高效的方式传输和处理,为经济活动提供了更加便捷的服务。

2.信息化

信息在数字经济中扮演着至关重要的角色,是数字经济的核心资源。大数据、人工智能、云计算等技术的发展,使信息能够更加广泛地被收集、存储、分析和利用。信息的广泛流通和共享为经济主体提供了更多的商机和创新可能性。

3.技术化

数字经济依赖于先进的信息技术和通信技术,如物联网、区块链、人工智能等。这些技术的应用使得经济活动能够更加智能化、自动化和精细化。技术的不断创新和进步为数字经济发展提供了强有力的驱动力。

4.网络化

网络技术的普及使数字经济能够实现跨地域、跨平台的合作与交易。通过互联网和全球网络的连接,人们可以在任何时间、任何地点进行数字经济活动。网络的无边界性和协同性为数字经济提供了广阔的发展空间。

二、数字经济的分类与构成

(一)数字经济的分类

数字经济是指在传统经济的基础上,利用数字技术、信息通信技术和互联网等新兴技术,推动经济转型升级,创造新的增长方式和动力。从经济活动的角度来看,数字经济可以被分为多个分类,以适应不同行业和领域的需求。

1.数字化生产与数字化消费

数字化生产是指通过数字技术提高生产效率和质量,推动生产过程智能化和自动化。例如,制造业借助物联网技术实现设备联网、生产流程优化和供应链管理的智能化。数字化消费则是指个人和企业在购买与使用商品和服务时,依赖数字技术和互联网渠道进行选择、购买和付款。在线购物、移动支付和共享经济等模式的兴起都是数字化消费的典型例子。

2.基础设施领域与应用领域

基础设施领域包括数字通信网络、云计算、大数据和物联网等技术基础设施的建设与发展,是数字经济发展的基石和支撑。应用领域则是指在基础设施的支持下,各行各业利用数字技术进行创新和应用,推动相关行业的数字化转型。例如,电商、在线教育、智慧城市和智能制造等应用领域的兴起,都是数字经济应用领域的体现。

3.根据行业和产业特点分类

不同行业和产业在数字经济中的应用和发展程度有所差异。例如,电子商务和金融科技等行业是数字经济的典型代表,这些行业在数字技术和互联网的支持下迅速崛起,并对相关行业带来了深远的影响。而医疗健康、能源和交通等传统行业则在数字经济中有着巨大的潜力和发展空间。

(二)数字经济的构成要素

数字经济作为一种新兴的经济形态,以数字技术为基础,呈现出了独特的构成要素。在数字经济中,核心构成要素主要包括信息、网络和平台。

1.信息

数字经济时代的到来,极大地拓展了信息的获取、传播和利用的渠道和方式。信息的高速传输和广泛共享推动了数字经济的发展。企业可以通过获取大量的数字化信息,进行数据分析和预测,实现精确的营销和业务决策。同时,消费者也因为信息的丰富和透明而更加理性和主动。信息的快速流动和广泛共享在数字经济中具有重要的推动作用。

2.网络

网络的普及和发展,使信息和数字化内容得以快速传递和共享。无论是企业间的合作交流,还是个人间的互联互通,都离不开网络的支持。数字经济时代的网络给传统产业带来了深刻的变革。网络的出现消除了时空的限制,解决了信息不对称问题,使各类资源能够在全球范围内进行高效配置和利用。网络的发展为数字经济提供了强大的基础支撑,推动了数字经济的不断壮大。

3.平台

数字经济时代,平台经济以其开放性、互联互通和共享性成为新的经济模式。在数字经济中,有许多知名的企业通过搭建数字化的交易和服务平台,实现供需的精准匹配和资源的共享。平台的崛起带动了合作伙伴的成长和共同发展,为数字经济注入了新的活力。

(三)数字经济的主要领域

在数字经济的发展过程中,涌现出了许多重要的主要领域,这些领域在推动数字经济的发展和创新方面发挥着重要作用。以下将对数字经济的主要领域进行探讨。

电子商务是数字经济的重要领域之一。随着互联网的普及和数字技术的迅速发展,电子商务在全球范围内蓬勃发展。电子商务打破了传统商业模式的限制,提供了更广阔的市场和更便利的交易方式。通过电子商务平台,消费者可以随时随地购买商品和服务,同时企业也能够通过电子商务平台扩大市场份额,实现更高的盈利。

数字金融也是数字经济的重要领域之一。数字技术的应用使得金融行业发生了巨大的变革。数字金融通过引入智能化、自动化的技术和服务,提高了金融机构的效率和客户的体验感。例如,移动支付、互联网银行等新型数字金融产品和服务的兴起,改变了传统金融的运作模式,促进了金融市场的创新和发展。

数字医疗健康也是一个备受关注的数字经济领域。数字技术的应用为医疗健康领域带来了许多创新和变革。通过数字化的医疗设备和健康管理平台,患者可以实时监测和管理自己的健康状况,医生也能够更准确地诊断和治疗疾病。此外,数字技术还促进了医疗资源的共享和医疗服务的远程化,使得医疗健康更加普惠和便捷。

在数字经济的主要领域中还包括了智能制造、数字农业、智慧城市等。智能制造利用数字技术提高生产效率,实现工业化与信息化的深度融合。数字农业应用现代科技手段进行农业生产和管理,提高农业生产效益,促进农业可持续发展。智慧城市通过数字技术的应用,提升城市管理和公共服务的智能化水平,提高城市的宜居性和可持续发展。

三、数字经济的起源与发展历程

(一)数字经济的起源

数字经济的起源可以追溯到 20 世纪信息时代的兴起。随着信息技术的不断发展和普及,数字经济得以初露端倪。

在计算机技术的发展下,人们能够更加高效地处理和存储大量的数字数据。计算机技术的进步为数字经济的萌芽提供了技术支持和基础设施。通过计算机的运算和存储能力,人们可以更加迅速地处理和分析数据,从而为经济活动提供更多的决策依据。

互联网的崛起也为数字经济的形成提供了重要条件。互联网的普及使人们之间的信息传递更加迅捷方便,信息的获取和共享变得更加容易。通过互联网,企业可以实现全球范围内的市场拓展,个人可以轻松访问各种资源和服务。互联网的普及和发展为数字经济的起源奠定了基础。

而后,移动通信技术的迅猛发展也推动了数字经济的发展。随着移动智能设备的普及,人们可以在任何时间、任何地点进行数字交流和数字交易。通过移动通信技术,人们可以随时随地获取各种信息,进行在线购物、在线支付等各种经济活动。移动通信技术的普及为数字经济的诞生和发展提供了更为便利的条件。

人们对于便捷生活的需求和对效率的追求也促进了数字经济的起源。数字经济的出现,为人们提供了更方便、更高效的生活方式。通过数字经济,人们可以在家中购物、办公,通过在线视频会议与他人交流,大大提升了生活和工作的便利性。人们对于便捷生活的追求也加速了数字经济的起源。

(二)数字经济的初步发展

在数字经济发展的初期阶段,人们逐渐认识到数字技术对经济的巨大潜力,开始对数字经济进行深入研究和探索。这一阶段的发展主要集中在几个关键领域,包括信息技术、网络基础设施以及数字产业的形成和壮大。

在信息技术方面,数字经济的初步发展得益于计算机技术的突破。计算机的发明和普及为数字经济的实施提供了技术支持。随着计算机技术的进步,数据处理和存储能力不断提升,使得数字经济能够更好地应对大规模数据的管理和分析。

网络基础设施的建设促进了数字经济的初步发展。互联网的迅速普及为数字经济的兴起提供了坚实的基础。通过互联网,人们可以实现信息的快速传播和共享,促进了数字经济的交流与合作。通信技术的进步也使信息传输更加便捷和高效,进一步推动了数字经济的发展。

数字经济的初步发展还离不开数字产业的形成和壮大。在这一时期,越来越多的企业开始意识到数字经济的重要性,并主动转型为数字化企业。各类数字产业迅速崛起,涵盖了互联网、电子商务、软件开发等多个领域。数字产业的形成不仅为数字经济提供了丰富的资源和创新的动力,还为经济的转型升级提供了新的支撑。

随着这些关键领域的发展,数字经济开始逐渐崭露头角。人们开始意识到数字经济的潜力和价值,政府和企业纷纷加大对数字经济的投入和支持。数字经济开始成为经济发展的重要驱动力,为社会各行各业带来了新的发展机遇和挑战。

(三)数字经济的快速崛起

随着计算机技术的不断进步和互联网的兴起,数字化技术逐渐渗透到人们的生活和经济活动中,推动着数字经济快速发展。

数字化技术的普及和应用促进了数字经济的快速崛起。随着智能手机、平板电脑和其他移动设备的普及,人们可以随时随地享受到数字化产品和服务。无论是在线购物、移动支付、在线教育还是数字娱乐,数字化技术的普及使数字经济在各个领域得到了快速的推广和发展。

数字经济的快速崛起也得益于云计算和大数据技术的推动。云计算技术和大数据分析能力的不断提升,为企业和个人提供了更加高效和精准的数据处理能力。这不仅帮助企业更好地理解市场需求,提供个性化的产品和服务,还为决策者提供了更加科学和准确的决策依据。因此,云计算和大数据技术的发展为数字经济的快速崛起提供了强大的支持和推动。

数字经济的快速崛起还与政府的政策支持密不可分。各国政府纷纷出台了一系列鼓励数字经济发展的政策和举措,为数字经济的繁荣创造了良好的环境。例如,政府投资于基础设施建设,提升网络覆盖和网络速度,为数字经济的发展提供了有力的保障。此外,政府还积极推动数字经济产业的培育和发展,加大对创新企业的支持力度,使数字经济能够在政策的引导下快速崛起。

四、数字经济的技术基础

数字经济的快速发展离不开强大的技术基础支撑。在数字经济中,多种技术被广泛应用于各个领域,为经济活动提供了高效、精准和创新的支持。下面将介绍数字经济的几个关键技术基础。

云计算技术是数字经济的重要基石。云计算技术通过将计算资源、存储资源和应用程序等硬件和软件服务通过互联网交付,实现了按需使用、快速扩展和灵活部署的优势。在数字经济中,云计算技术为企业和个人提供了高效的数据存储和处理能力,不仅降低了成本,还提升了灵活性,推动了创新和合作。

物联网技术也是数字经济的重要支撑。物联网技术通过将各种传感器、设备和物品连接起来,实现了智能化的数据采集、监控和控制。在数字经济中,物联网技术广泛应用于供应链管理、智能制造、智慧城市等领域,提高了生产效率、优化了资源配置,并且为创新业务模式和产品提供了新的可能性。

人工智能技术在数字经济中扮演着重要角色。人工智能技术包括机器学习、深度学习、自然语言处理等多个领域的研究和应用。在数字经济中,人工智能技术通过数据分析和模式识别,实现了智能推荐、智能客服、智能风控等场景。人工智能的普及和应用促进了数字经济的发展,使得商务、服务和决策过程更加智能化和高效化。

大数据技术也是数字经济的重要支撑。大数据技术涉及数据的采集、存储、管理、分析和应用,通过挖掘和分析海量的数据,发现数据中的模式和规律,为决策提供支持和指导。在数字经济中,大数据技术广泛应用于市场调研、个性化推荐、精准营销等领域,提高了企业的竞争力和效益。

五、数字经济与大数据的关系

数字经济作为一种新兴的经济形态,与大数据密不可分。大数据是指海量、高速生成的结构化和非结构化数据,而数字经济是基于数字技术和互联网的经济活动,两者之间既紧密互动又相互促进。

在数字经济中,大数据被广泛应用于数据分析和决策支持。数字经济的发展离不开对大数据的收集、存储、处理和分析。通过大数据的深度挖掘和分析,企业可以准确把握市场需求和消费者偏好,实现精准营销和个性化服务,从而提高经济效益和竞争力。例如,电商平台根据用户的购买记录和浏览行为,通过大数据分析推荐个性化的商品,提升用户购买体验和满意度。

大数据为数字经济提供了强大的技术支持。在数字经济的运行过程中,大数据技术被广泛应用于数据采集、存储、传输和处理等方面。通过大数据技术,可以实现对海量数据的实时处理和分析,提高数据的价值和利用效率。大数据技术的不断创新与进步,为数字经济的发展提供了技术上的支持和推动力。例如,云计算、人工智能、区块链等新兴技术的快速发展,为数字经济的创新和转型提供了更多的可能性。

数字经济的发展推动了大数据产业的壮大。数字经济对数据的需求不断增长,推动了大数据产业的快速发展和壮大。大数据产业涵盖了数据采集、存储、分析、服务等多个环节,涉及硬件、软件、人才等多个方面,形成了一个完整的产业链。数字经济的快速发展带动了大数据产业的蓬勃发展,促进了相关企业和从业人员的增加,进一步推动了数字经济的发展和壮大。

第二节　数字经济的驱动因素与影响

一、数字经济的驱动因素

(一)技术创新

技术创新的不断推进和应用,为数字经济的发展提供了坚实的基础。技术创新能够推动数字技术的迭代升级,使数字经济能够不断适应市场需求的变化。例如,互联网、云计算、人工智能等新兴技术的不断涌现,为数字经济带来了新的发展机遇。

技术创新对于数字经济的产业结构变革起到了重要的推动作用。通过技术创新,传统产业可以实现数字化转型,提高工作效率和产品质量。技术创新也有助于培育新的产业和业态,如共享经济、电子商务等,为经济增长注入新的动力。

技术创新能够带动数字经济的商业模式创新。随着技术的进步与创新,传统商业模式正在被重新定义和改变。通过互联网和移动互联网的普及,消费者的购物方式也发生了巨大变化,传统零售业正面临着巨大的挑战。新的商业模式如电商平台、共享经济平台等不断涌现,为数字经济的发展提供了新的商业机会。

技术创新也对就业市场产生了深远的影响。随着数字经济的快速发展,对高技能人才的需求越来越大。技术创新带来了新的职业和工作岗位,同时促进了劳动力的结构优化和就业机会的增加。然而,技术创新也会对一些传统岗位产生影响,使得其需求减少或者消失,这也需要政府和相关机构积极采取措施,提供工作培训和转岗支持。

(二)信息化进程

随着科技的进步和信息技术的广泛应用,各行各业都在不断推进着信息化进程。信息化技术的普及和应用,为数字经济的发展提供了强大的支撑和动力。

1.推动了数字技术的创新和发展

随着信息技术的不断革新和创新,互联网、云计算、人工智能、大数据等数字技术迅速兴起。这些技术的发展不仅提高了生产效率,还创造了新的商业模式和就业机会。比如,随着互联网的普及,电子商务已经成为一个独立的产业,为各类企业提供了一个新的销售渠道,大大推动了经济的发展和增长。

2.加速了数字经济的融合与升级

传统产业和数字技术的融合,促进了产业结构的升级和转型。以制造业为例,随着信息化技术的广泛应用,传统的制造业不再仅仅依靠劳动力和物质生产,而是借助数字技术实现智能化、自动化生产,提高了生产效率和质量。同时,数字经济也催生了一批新兴产业,如共享经济、在线教育、移动支付等,这些新兴产业成为经济增长的新引擎。

3.改变了就业市场的格局

随着信息技术的广泛应用,一些传统的就业领域面临着被人工智能和自动化设备取代的风险。然而,也为就业市场带来了更多的新机会。数字经济发展需要大量的数字人才和技术人才,涉及数据分析、软件开发、网络安全等多个领域。因此,信息化进程的推进为就业市场提供了更多的就业机会和发展空间。

4.对商业模式的创新产生了深远的影响

随着信息技术的发展和应用,传统商业模式面临着颠覆和重构的风险,新的商业模式层出不穷。比如,共享经济的兴起改变了人们传统的消费观念和行为方式,提供了更多的共享资源和社交服务。通过互联网和移动互联网的发展,消费者可以更加便捷地获得产品和服务,实现个性化消费。

(三)政策环境

在数字经济的发展过程中,政策环境的稳定与支持,能够为数字经济提供良好的发展基础和推动力。政策的完善和透明度是数字经济发展的关键因素之一。政策的透明度能够为企业提供明确的发展方向,帮助企业制定自身的发展策略。政策的完善则能够为数字经济的发展提供保障和支持,减少不确定性因素。

政策的开放与包容性是数字经济繁荣的重要保障。数字经济是一个高度联通的体系,需要各国各地区之间的合作与协同。政策的开放性可以吸引国内外的投资和创新资源,促进数字经济的融合与发展。政策的包容性能够为创新型企业和新兴行业提供更好的发展空间和机会,鼓励创新创业,推动数字经济的创新能力和竞争力的提升。

政策的支持和激励对数字经济的发展也起到至关重要的作用。政府可以通过制定激励政策,如减税政策、财政补贴等,为数字经济企业提供支持和扶持,降低创新成本和运营风险,促进数字经济企业的发展壮大。政府还可以加大对数字经济相关人才的培养和引进力度,提供学习、研究和创业的支持,培养更多的数字经济专业人才,助力数字经济的创新和发展。

(四)市场需求

随着科技的进步和信息化的普及,消费者对数字化产品和服务的需求有了显著增长。数字经济提供了更为便捷和个性化的消费体验。比如,电子商务平台的兴起使消费者可以随时随地进行在线购物,选择更多的产品和服务。无论是购买衣物、电子设备还是订购外卖,数字经济都为消费者提供了更为多样化的选择,满足了个性化的消费需求。

数字经济的发展为不同行业提供了更多的商机。市场需求的变化对产业发展起到了重要的推动作用。在传统行业中,数字化转型成为提高竞争力的关键。例如,传统零售业通过电商平台的运营,能够更好地与消费者实现交流和互动,提供个性化的产品和服务,从而满足消费者多样化的需求。更进一步,一些新兴的数字经济领域如共享经济、在线教育、云计算等也在满足市场需求的基础上不断拓展和创新。

市场需求的变化带动了数字经济与传统经济的融合。数字技术的快速发展为传统产业注入了新的活力和机遇。例如,在智能制造领域,制造企业通过数字化转型,实现了生产过程的智能化和信息化,提高了产品质量和生产效率。而这种转型也得益于市场需求对智能产品和解决方案的不断增长,从而推动了数字经济与传统经济的深度融合。

市场需求的变化也引发了数字经济创新的潜力。消费者的需求多元化和个性化导致了商业模式的变革和创新。企业通过市场需求的洞察和理解,不断进行产品和服务的创新,以满足不同消费者的需求。比如,许多企业通过数据分析和人工智能技术,提供个性化的推荐服务,以最大程度地满足消费者的需求。这种商业模式的创新有效地推动了数字经济的发展,同时为市场需求的满足带来了更多的选择和便利。

二、数字经济对经济增长的贡献

(一)提高生产效率

在数字经济时代,数字技术的广泛应用极大地提高了生产效率,对经济增长做出了重要的贡献。数字经济为企业提供了高效的生产工具和技术,使传统的生产过程变得更加智能化和自动化。例如,通过实施数字化生产管理系统,企业能够更准确地掌握生产过程中的关键参数和数据,及时进行调整和优化,从而提高生产效率和产品质量。

数字经济促进了生产方式的创新与转变。随着智能制造和物联网技术的发展,传统的生产模式正向智能化、柔性化和高度自动化的方向发展。数字技术赋予了生产线实时监测和优化的能力,使得生产过程更加灵活和高效。例如,利用大数据分析和人工智能技术,企业可以实时监测市场需求和消费者偏好,根据实际情况调整生产计划和产品设计,从而更加精准地满足消费者的需求。

数字经济还推动了生产资源的优化配置。通过数字化技术,企业能够更加精确地分析和管理生产资源,实现资源的最优配置。例如,通过使用物联网和数据分析技术,企业可以实时监测设备的工作状态和能源消耗,及时进行节能和优化调整,从而降低生产成本并提高资源利用效率。

(二)创新驱动增长

在数字经济的发展过程中,创新作为一种重要的驱动力发挥着至关重要的作用。创新不仅仅是指技术创新,还包括商业模式创新、组织创新以及管理创新等方面。数字经济时代的到来,为创新带来了更加广阔的空间和机遇。

一方面,数字技术的迅猛发展为创新提供了新的工具和手段。随着物联网、云计算、人工智能等技术的快速发展和应用,企业可以更便捷地获取和分析大数据,发现市场需求和消费者行为的变化,从而更准确地把握市场趋势,提供符合消费者需求的产品和服务。另一方面,数字技术也极大地提升了企业的创新能力和效率,加快了创新的速度和规模。企业可以通过数字技术进行在线协作、远程办公和快速沟通,加速创新项目的研发和推广,大大减少了创新周期和成本。

数字经济的快速发展也催生了新的商业模式和产业生态,为创新创业提供了更多机会。以分享经济为例,通过平台的建设和数字技术的支持,人们可以分享自己的闲置资源,从而有效地利用资源,实现资源的高效配置和利用。这不仅促进了经济的增长,还激发了人们的创新意识和创业热情,不断推动着各个行业的创新发展。数字经济还为传统产业提供了新的发展机遇,通过数字技术的应用和转型,传统产业可以实现更高的效益和降低成本,提升竞争力,并且可以与其他行业进行深度融合,形成新的产业链和价值链。

(三)优化资源配置

通过数字化技术的应用,企业可以更加准确地了解市场需求,精确预测产品和服务的需求量,并根据需求进行资源配置,以提高资源利用效率。

数字经济通过信息化手段,使企业能够获得更多的市场信息。传统经济时代,企业在资源配置方面存在很多信息不对称的问题,往往依靠经验和直觉来做出决策。在数字经济时代,大量的数据被快速收集和分析,企业可以更加准确地了解市场需求,包括消费者偏好、竞争对手行为等。这些信息可以帮助企业更好地配置资源,避免资源浪费和错误决策。

数字经济使资源配置更加精准和及时。传统经济中,资源配置通常存在滞后性和不确定性。企业需要花费大量时间和资源来收集和分析市场数据,然后才能做出相应的调整。在数字经济时代,企业可以通过实时数据分析和智能算法进行资源配置。企业可以根据实时市场需求变化进行灵活调整,使资源利用更加高效和精准。

数字经济通过优化资源配置,实现资源的最佳利用。应用数字技术,企业可以更好地分析资源使用效率,并进行相应的优化。例如,应用物联网技术,企业可以实现设备的智能化管理,减少能源和材料的浪费;通过大数据分析,企业可以实现供应链的优化,减少库存和运输成本。这些优化措施可以使企业在资源配置方面节约成本、提高效率,从而为经济增长提供支持。

三、数字经济对就业市场的影响

(一)创造新的就业机会

数字经济的快速发展不仅带来了高速的经济增长,还创造了大量的新的就业机会。具体来说,数字经济推动了新兴产业的崛起,如云计算、大数据、人工智能等,这些新兴产业在技术创新和商业模式创新方面有着突出的优势,因此对人才需求也呈现出强劲的增长态势。这种趋势为就业市场带来了新的希望。

数字经济的发展需要大量的技术人才。例如,在云计算领域,需要专业的云计算工程师、数据分析师等来搭建和管理云计算平台,并进行数据分析和挖掘。这些技术人才的需求量在不断增加,且对其专业技能和创新能力的要求也越来越高。而数字经济为技术人才提供了更多的就业机会,并且也提高了他们的就业竞争力。

数字经济还催生了新的职业群体。随着移动互联网的普及和电子商务的兴起,电商运营师、社交媒体专员、网络推广员等新职业逐渐涌现。这些职业与数字经济密切相关,需要具备一定的专业知识和技能,如对网络营销、社交媒体运营等方面有深入了解。这些新职业的出现为就业市场带来了新的选择,为一些就业者提供了更多的机会。

数字经济还促进了传统产业的数字化升级,从而带来了更多的就业机会。例如,随着数字技术在制造业的应用不断深化,工厂智能化、物联网应用等成为制造业转型升级的重要方向。这种转型往往需要大量的人力资源,如工程师、技术操作员等。数字经济的快速发展推动了传统产业的数字化升级,并且为传统产业提供了更多的就业机会。

(二)改变就业结构

数字经济的快速发展对就业市场产生了深远的影响,其中之一就是改变了就业结构。传统产业的衰退和数字化技术的广泛应用,使传统的劳动密集型产业逐渐减少,而数字经济领域的就业机会呈现出迅猛增长的趋势。

数字经济创造了一大批新的就业机会。随着互联网、云计算、人工智能等技术的快速发展,新兴行业如电子商务、软件开发、在线教育等在市场中崭露头角。这些新兴行业不仅需要大量的技术人才,还需要相关的服务人员、营销人员等,从而为就业市场提供了新的就业岗位。数字化转型也催生了一些创业机会,许多年轻人积极参与数字经济的发展,创办自己的企业,进一步促进了就业结构的变化。

数字经济的发展改变了就业结构的需求。随着数字技术在各行各业的应用,许多传统行业需要进行数字化改造,提高其竞争力和效率。这就需要大量懂得数字技术的专业人才,如数据分析师、网络安全专家、人工智能工程师等。相比之下,传统行业的需求逐渐减少,相应的就业机会也减少了。

数字经济的发展还提高了劳动生产率。数字技术的广泛应用使许多工作可以实现自动化和智能化。例如,传统的生产线上的业务可以通过机器人自动完成,这减少了对人力资源的需求。尽管减少了一些低技能劳动力的就业机会,但也创造了更多高技能、高附加值的岗位,要求人才具备更多的专业知识和技能。

数字经济的发展也引发了就业不平等的问题。虽然数字经济对技术专业人才的需求增加,但也造成了技术和非技术工作之间的差距。技术专业人员的就业机会更多,工资也相对较高,而一些传统行业的劳动者可能会失去工作机会或面临就业困境。因此,政府和社会需要采取措施,提供培训和教育机会,以确保劳动者能够适应数字经济的变化,降低就业不平等的问题。

(三)提高劳动生产率

数字经济的发展为提高劳动生产率带来了新的机遇和挑战。数字技术的广泛应用以及相关技术的不断创新,使生产过程更加智能化和高效化,进而提升了劳动力在生产中的效率和产出。

信息技术的广泛应用为劳动生产率的提升提供了基础。数字经济时代,信息传播的速度和范围都得到了巨大的扩展,信息的获取、处理与传递变得更加方便和快捷。例如,工人可以通过智能手机随时随地获取到需要的信息,能够及时了解到最新的生产指令和技术要求,从而加快生产进度,避免了以往传统生产方式中由于信息传递不及时而导致的延误和浪费。数字平台的兴起也为企业提供了更多的商业机会和合作伙伴,促进了劳动力的优化配置,从而提高了生产效率。

智能制造的发展使生产过程更加自动化和智能化,进一步提升了劳动生产率。数字经济时代,机器人、自动化设备和传感器等智能技术的广泛应用,使生产过程中的重复劳动可以被机器人替代,从而提高了生产效率和质量。例如,在汽车制造业中,通过引入智能机器人和自动化生产线,可以大大减少人力投入,提高生产速度和一致性,降低了生产成本并提升了市场竞争力。智能制造还能够根据产品需求的变化灵活调整生产能力,提高了供应链的敏捷性和响应速度。

大数据分析在劳动生产力提升中扮演着重要的角色。随着数字经济的发展,企业从各个环节产生的海量数据得到了广泛的收集和分析。通过运用大数据分析技术,企业能够更好地了解市场需求、优化产品设计和改进生产过程,从而提高劳动生产效率。例如,通过对销售数据的分析,企业可以更准确地预测市场需求,及时进行生产调整,避免了库存积压和产品过剩的问题。大数据分析还可以帮助企业发现生产过程中的潜在问题,及时进行改进,提高生产质量和效率。

人工智能的应用为劳动生产率的提升带来了新的机遇。人工智能的快速发展和广泛应用,使企业能够通过算法和模型等技术手段来处理和分析复杂的数据,进行决策和优化,推进生产效率的提升。例如,在供应链管理中,通过引入人工智能技术,企业可以实现对供应链各环节的智能监控和优化,从而提高物流效率,减少运输时间和成本。

(四)引发就业不平等问题

数字经济的快速发展不仅为就业市场带来了机遇,还引发了就业不平等的问题。在数字经济的发展过程中,我们可以观察到一些明显的趋势和现象,这些现象可能加剧了就业的不平等。

数字经济的发展加大了技术差异对就业市场的影响。随着数字技术的广泛应用,一些传统行业可能会面临着被淘汰或者大规模优化的风险。这将导致一部分从事传统产业的劳动者失去工作机会,进而加剧了就业不平等。数字经济的发展也带来了一些全新的职位和就业机会,但这些职位普遍要求劳动者具备高技能、高学历,对于那些技能欠缺或受教育程度不高的人来说,他们很可能无法适应这些新型就业机会,从而面临着就业不平等的风险。

数字经济的发展在某种程度上加大了劳动力市场的分割。一方面,高技能劳动力所需的数字技术能力使他们更有竞争力,更易于找到高薪的职位,从而提高他们的收入水平和就业质量。另一方面,低技能劳动力的就业机会可能减少,他们很可能被迫从事低薪、低技能的工作,甚至可能陷入就业困境。这种劳动力市场的分割现象进一步加剧了就业不平等。

数字经济的发展也在一定程度上影响了收入分配的不平等。在数字经济的运作模式中,一些新型企业更注重创新、技术和知识的应用,这也意味着他们更加依赖高技能劳动者,而这部分劳动者往往能够获得更高的收入。相反,传统行业的劳动者可能面临收入的下降风险,尤其是那些技术被淘汰或更易被替代的岗位。这种收入分配的不平等也是数字经济引发的就业不平等的体现之一。

四、数字经济对产业结构的变革及商业模式创新

(一)产业结构优化升级

在数字经济的推动下,产业结构正经历着巨大的变革和调整。数字技术的不断发展和应用,为各行各业提供了新的机遇和挑战。产业结构优化升级成为推动经济发展的重要途径之一。

数字经济的兴起带来了新的产业增长点。传统的产业在数字经济的冲击下,不断进行转型和升级,推动了产业结构的优化。比如,在数字化时代,电子商务、云计算、人工智能等新兴产业正迅速崛起,成为新的经济增长点。

数字经济的发展要求各个产业间的深度融合。在数字经济的背景下,各个产业之间的界限变得越来越模糊,产业链条愈发复杂。传统的产业结构已不能满足数字经济发展的要求,需要对产业链条进行重构和优化。通过数字技术的运用,不同产业之间的合作与创新变得更加紧密,形成了新的产业链条,促进了产业结构的优化。

数字经济的兴起也催生了新的商业模式和创新。传统的商业模式面临着冲击和改变,数字化、互联网等技术的应用,使商业模式向着更加灵活、智能、个性化的方向发展。在数字经济的引领下,企业可以通过数据的应用和分析,创造新的商业模式,提供更加优质和个性化的产品和服务。这种商业模式创新不仅促进了产业结构的优化,还为经济增长注入了新的活力。

(二)产业链条重构

在数字经济的浪潮中,数字化技术的快速发展和广泛应用,催生了新兴的产业链条,也对传统的产业链条带来了深刻的冲击和挑战。产业链条的重构不仅仅是在现有链条上加入数字技术,更是一种全面的重新设计和重塑。

数字经济通过消除传统产业链条中的瓶颈和限制,打破了行业之间的壁垒,促进了资源的流动和配置效率的提升。传统产业链条中存在许多中间环节和交易环节,随着数字技术的应用,这些环节被简化甚至消除,实现了从生产端到消费端的直接连接和交流。数字技术的普及和应用,使不同行业之间可以更加紧密地

合作,形成全新的产业生态系统。

数字经济推动了产业链条的升级和智能化转型。在传统产业链条中,劳动密集型环节占据主导地位,数字经济则激发了创新潜能,使得产业链条向技术密集型和知识密集型方向转变。数字技术的广泛应用,包括人工智能、大数据、云计算等,使得产业链条上的各个环节更加高效、智能化。例如,智能制造的兴起使生产过程更加自动化和智能化;物联网的应用使供应链管理更加精细和高效。

数字经济催生了全新的价值链和商业模式。在传统产业链条中,企业主要通过产品的制造和销售来实现利润,而数字经济则提供了更多的商业机会和创新的空间。通过数字技术,企业可以从传统的产品提供商转变为服务和解决方案的提供商,从而在价值链上升级。同时,数字经济创造了许多新的商业模式,如共享经济、平台经济等,为企业创造了新的盈利模式。

(三)商业模式创新

商业模式是企业运作的核心,数字经济的兴起为商业模式创新提供了更多的机遇和挑战。在数字经济背景下,企业需要不断调整和改造自身的商业模式,以适应新的市场需求和技术进步。

数字经济使商业模式创新成为企业生存和发展的必然选择。传统商业模式在数字化转型的冲击下逐渐显露出瓶颈和不足,企业需要加速转型升级。在面对数字经济的机遇和挑战时,商业模式的创新将成为企业获取竞争优势和实现持续增长的关键。

数字经济促使企业从传统的线性价值链转向更为灵活、开放的平台型商业模式。在传统商业模式下,企业通常以自己的产品或服务为核心,从生产到分销再到售后服务形成了一个相对封闭的线性价值链。在数字经济时代,出现了一批成功的平台型企业,它们以平台为基础,整合了资源和需求,为各方提供了相互连接和交易的机会。这种平台型商业模式的出现,推动了产业链条的重构和优化。

数字经济加速了商业模式中从实体经济向虚拟经济的转变。在过去,商业模式主要依托于实体经济,企业通过生产和销售物理产品来获取利润。而在数字经济时代,虚拟经济的兴起使企业能够通过网络和数字技术来提供各种线上服务和数字产品,实现了商业模式的数字化转型。这种由实体经济向虚拟经济转变的商业模式创新,不仅改变了企业的运作方式,还带动了新型产业的崛起。

数字经济推动了商业模式从单一产品销售到以用户体验为核心的服务化转

变。在数字经济时代,消费者对于产品和服务的要求越来越高,追求个性化、定制化的体验。因此,企业需要转变商业模式,将产品销售转向以用户体验为核心的服务化模式。通过提供全方位的个性化服务和增值服务,企业能够更好地满足消费者的需求,提升用户体验,从而赢得市场竞争的优势。

第三节 数字经济与国际贸易的关联

一、数字贸易的崛起与发展

(一)数字贸易的概念及特征

数字贸易是指利用互联网和信息通信技术进行跨境交易的一种新型贸易形式。它可以是通过电子商务平台进行的商品和服务的线上交易,也可以是涉及数字产品的数字内容的传输和交付。

数字贸易的交易主体可以是个人、企业、机构等多种形式。通过互联网和数字技术的普及,任何具备相应条件的个体都可以参与数字贸易。数字贸易的交易范围广泛,涵盖了商品、服务、知识、技术、数据等多种形式。与传统贸易相比,数字贸易具有更大的灵活性和多样性。数字贸易的交易过程具有高度的自动化和实时性。借助互联网和信息技术,数字贸易的交易过程可以快速、高效地完成,大大提高了交易的效率和便捷性。数字贸易具有较低的交易成本和风险。相较于传统实体贸易,数字贸易在物流、仓储、人力资源等方面的成本都大大降低,且在某种程度上减少了交易中的风险。

(二)数字贸易的发展历程

数字贸易的发展历程是一个充满挑战又充满机遇的过程。随着信息技术和互联网的迅猛发展,数字贸易迅速崛起,并在过去几十年里得到了前所未有的发展。下面将从几个关键方面探讨数字贸易的发展历程。

数字贸易的发展受益于信息技术的迅速发展。随着计算机、网络和通信技术的不断进步,数字化程度不断提高,为数字贸易提供了坚实的基础。从最初的电子数据交换到现在的物联网和云计算,信息技术的进步不仅改变了贸易方式,还改变了贸易的规模和速度。

数字贸易的发展始终受到国际贸易规则和政策的影响。国际贸易规则的演变和调整为数字贸易的发展创造了有利条件。例如,世界贸易组织(WTO)在1998年通过了《电子商务货物协定》,为数字贸易提供了法律框架和规范。各国政府也相继推出了一系列支持数字贸易发展的政策措施,包括降低电子商务税费、加强知识产权保护等,进一步促进了数字贸易的增长。

全球跨境电商平台的崛起也成为数字贸易发展历程中的一个重要因素。互联网的普及和全球物流的发展使跨境贸易变得更加容易和便捷。大型电商平台不断扩展其市场规模和国际业务,通过线上线下的结合,为跨境贸易提供了便利的渠道和平台。这些平台的崛起推动了数字贸易的全球化和国际化。

数字贸易的发展历程也充满了挑战和风险。数字安全、数据隐私、知识产权保护等问题成为数字贸易发展的重要议题。同时,不同国家对数字贸易的监管和政策也存在差异,需要各国在合作与协调中解决分歧。此外,数字贸易也可能导致某些传统产业的衰退,需要寻找转型和升级的方式。

二、数字经济对国际分工与价值链的影响

(一)数字经济与全球价值链的关系

数字经济的迅猛发展对全球价值链产生了深远影响。全球价值链是指在全球范围内,产品和服务的生产过程分为不同阶段,涉及各个国家和地区,形成相互依存的网络。数字经济作为一种新兴的经济形态,通过信息技术的广泛应用和数字化的生产方式,重新定义和改变了全球价值链的结构。

数字经济加速了全球价值链的数字化转型。传统的价值链主要依赖于实体产品和传统产业链,而数字经济以网络、数据和信息为基础,通过创新的技术手段对实体产品进行数字化改造。这种数字化转型不仅进一步提高了生产效率和质量,还为全球价值链的优化和升级提供了新的动力。

数字经济为全球价值链的灵活性和适应性提供了新的机遇。数字经济的特点是信息共享和协同合作,通过数字化的供应链和物流管理,使得不同环节之间的信息传递更加迅速和准确。这种信息的流动性大大加强了全球价值链各个环节之间的协调与合作,提升了全球价值链的灵活性和适应性,在全球市场竞争中获得了更大的优势。

数字经济也对全球价值链的地理分布和区域合作产生了新的影响。传统的

全球价值链往往依赖于跨国企业的产业布局和分工,而数字经济的发展使得地理位置不再是决定全球价值链参与的唯一因素。数字技术的普及和数字平台的崛起,使中小企业和创新型企业有机会参与全球价值链,并与跨国企业实现紧密合作。这种全球价值链的地理分布和区域合作的重新调整,为发展中国家和地区提供了更大的机会和空间。

(二)数字经济对国际分工的影响

数字经济的崛起引发了国际分工格局的深刻变革,对全球经济整体产生了重要的影响。数字经济的发展使得传统的生产、消费和分销模式得到了颠覆,对国际分工产生了新的挑战和机遇。下面将探讨数字经济对国际分工的影响,旨在揭示数字经济对全球产业链的塑造和调整。

数字经济强化了全球产业链的分工协作。传统的国际分工模式依赖于资源的禀赋和成本优势,而数字经济的发展使信息和知识的流通变得更加便捷和高效。通过互联网和数字技术的支持,各个环节的参与者能够实现即时沟通、实时信息共享,并迅速响应市场需求。这种高度协同的分工模式,推动了全球产业链的形成和演进,各个国家和地区在产业链上扮演着不同的角色,形成了相互依赖的合作关系。

数字经济改变了传统产业链的结构与组织方式。传统的产业链由于资源禀赋和技术要求的不同,导致了国内外产业链上存在着明显的分工和竞争关系。而数字经济的兴起使各个环节之间的界限变得模糊,信息的高速流动和数字化生产的普及使得各个环节的边界越来越模糊。在数字经济时代,企业可以利用云计算、大数据、人工智能等技术,实现生产、销售、服务的一体化,从而实现产业链的重组和重塑。因此,数字经济对国际分工产生了深远的影响,使各个环节之间的竞争和合作关系发生了重要的变化。

数字经济的崛起也对劳动力市场的国际分工产生了影响。数字技术的普及和应用,使得劳动力的需求和供给变得更加灵活和可替代。一些传统的劳动密集型产业面临着数字化、自动化的冲击,数字经济则呈现出对高技能、高素质劳动力的需求增长。这种劳动力市场的变化,使各个国家在国际分工中的角色发生了变化,一些国家可能将更多的资源和重点放在研发、创新和高附加值的产业上,以增强在全球经济中的竞争力。

(三)数字经济对全球价值链的重构

在数字经济的快速崛起和发展的背景下,全球价值链正在经历深刻的变革和重构。数字技术的广泛应用和信息交流的快速便捷,使得全球各国之间的合作更加紧密和高效。数字经济的兴起为全球价值链的重构提供了新的机遇和挑战。

数字经济的发展加速了全球价值链的转型升级。随着数字技术的迅猛发展和普及,传统的价值链模式受到了冲击和重塑。数字化技术的广泛应用使得生产过程更加智能化和自动化,从而提高了效率和产品质量。数字经济也为新的价值链模式的形成提供了契机,如共享经济、平台经济等新兴模式的兴起,改变了传统产业链的格局。

数字经济对全球分工产生了深远的影响。数字技术的跨国传输和信息共享,使得各国之间的分工更加灵活和细分。在过去,全球分工主要是基于传统的产品制造和资源配置,但现在数字经济的发展使全球分工更加多样化和高度专业化。各国可以根据自身的优势和特点,在全球价值链中扮演不同的角色,从而实现更好的资源配置和合作。

数字经济的崛起也对全球价值链的组织和管理提出了新的要求。数字化的时代,信息的流动速度快,市场竞争更加激烈,全球价值链的组织和管理需要更加灵活和高效。数字经济提供了新的工具和平台,使得全球各个环节的参与者之间能够实现更加紧密的协作和合作。数字技术的应用也使全球价值链的监管和管理更加便捷和精准,提高了合规性和安全性。

三、数字经济与国际贸易规则的演变

(一)数字经济对国际贸易规则的挑战

在数字经济的快速发展下,国际贸易规则面临着前所未有的挑战。数字经济的崛起使传统的国际贸易规则无法完全适应新形势。传统规则主要以物质商品为主,而数字经济更强调信息、知识和技术创新,因此需要更加灵活和开放的规则来应对新的贸易模式。

以往的国际贸易规则主要围绕关税、非关税壁垒等贸易限制进行制定,然而对于数字经济这种非实体经济形式,如何确保知识产权、数据安全、网络隐私等问题成为摆在国际贸易规则制定者面前的难题。

数字经济的快速发展也带来了跨境数据流动和数字经济平台的兴起。这些新的贸易模式使传统的关税和非关税壁垒不再适用,因为数字经济的特性决定了贸易壁垒更多地体现在数据流动方面。例如,一些国家对于跨境数据流动采取了保护主义措施,限制了数据的自由流动,导致数字经济的发展受到一定的阻碍。此外,数字经济平台的兴起也带来了诸多监管难题,例如,如何保护消费者权益、确保数字经济平台正当竞争等问题,这些都需要在国际贸易规则中予以解决。

虽然数字经济对国际贸易规则提出了诸多挑战,但这也为国际社会提供了机会去构建更加适应数字经济的新规则。国际社会应该加大合作与协调,共同制定适应数字经济的规则。例如,在数据流动方面,各国可以推进数据自由流动的规则制定,以促进数字经济的发展。国际组织如 WTO 的作用日益凸显,可通过多边谈判和规则制定来平衡各国利益。国际社会也应该加强监管和执法力度,确保数字经济的健康发展和公平竞争。

(二)国际贸易规则的演变与应对策略

在数字经济的快速发展下,国际贸易规则也不可避免地发生了演变。这种演变源于数字经济的崛起所带来的挑战和变革。数字经济打破了传统贸易的时空限制,实现了跨境交易的便利。这就要求国际贸易规则能够适应新的形势和模式。数字经济极大地促进了国际分工与价值链的重构,传统产业的竞争格局发生了变化。在这种情况下,国际贸易规则需要与时俱进,保护各方的利益和权益。数字经济的快速发展也导致了数据的大规模流动和共享,而数据保护和隐私保护等议题也成为国际贸易规则需要解决的重要问题。

为了应对数字经济带来的这些变革和挑战,国际贸易规则需要及时做出调整和完善。国际社会需要加强合作,共同制定适应数字经济的全球性规则。这需要各国共同努力,建立起一套包容、灵活的贸易规则体系。国际贸易规则需要注重创新和包容性,鼓励和推动数字经济的发展。这包括降低数字贸易壁垒,提升数字经济发展环境,为数字经济的发展提供有利条件。此外,国际贸易规则还需要加强与其他领域的协调和衔接,如知识产权保护、数据安全等方面,形成一个完整的规则体系。

对于数字经济与 WTO 规则的冲突与融合,国际社会需要进行深入研究和讨论。数字经济的发展可能与 WTO 规则存在一些冲突和不适应的地方,如互联网服务贸易、电子商务等领域的规则不完善。因此,我们需要思考如何在 WTO 框架内,让数字经济与传统贸易规则进行融合和协调,实现共赢。同时,也需要探讨是否需要在 WTO 内制定针对数字经济的专门规则,以满足新时代贸易的需求。

(三)数字经济与 WTO 规则的冲突与融合

数字经济的迅速发展给国际贸易规则带来了一系列挑战,特别是在与 WTO 规则的冲突与融合方面。数字经济的跨境性质与传统的国际贸易规则存在着不匹配之处。传统的国际贸易规则主要面向实体经济,对于数字经济的特点尚未充分考虑。例如,数字产品的无形性和即时性使得传统的关税和关税壁垒措施无法直接适用于数字贸易。

数字经济与 WTO 规则之间存在着在知识产权保护、数据流动和互联网监管等方面的冲突。数字经济的快速发展导致了知识产权的重要性日益凸显,然而 WTO 的知识产权协议并未充分考虑数字经济中的争议问题。此外,数据流动的自由在数字经济中变得尤为重要,然而 WTO 规则对于跨境数据流动的管理仍然不完善。互联网监管的复杂性也使数字经济与现有 WTO 规则之间存在着冲突与适应不足的问题。

面对数字经济与 WTO 规则的冲突,国际社会需要积极寻求应对策略。可以通过改革现有的国际贸易规则,使其更好地适应数字经济的发展。这包括加强知识产权保护,完善跨境数据流动管理机制,以及加强互联网监管。可以建立新的国际规则,专门针对数字经济的特点进行规范。例如,可以考虑制定数字贸易协定,以填补现有 WTO 规则的不足。

数字经济与 WTO 规则的融合也是一个重要的方向。虽然数字经济与 WTO 规则存在着冲突,但是双方也有很多共同点可以进行融合。例如,数字经济的创新性和影响力使得其可以成为推动国际贸易发展的重要力量,可以借鉴其中的先进经验和模式,与 WTO 规则相互融合。数字经济所需的跨境合作与国际贸易的初衷也是一致的,可以在合作中逐步解决冲突问题。

(四)数字经济对国际贸易法的影响

1.促使国际贸易法面临新的挑战和调整

传统的贸易法规律无法完全适应数字经济时代的需求和特点。数字经济的非接触性、跨境性和高度互联的特征,带来了无国界的商务活动,打破了传统贸易模式的空间和时间限制。因此,国际贸易法需要进行相应的调整,以适应数字时代的贸易活动。数字经济的发展还促使国际贸易法要关注数据流动、信息安全和隐私保护等问题,因为这些问题对于数字经济的发展至关重要。

2. 影响国际贸易法的监管方式和原则

数字经济的快速发展使传统的国际贸易法很难适应这一新形势。数字经济的特性使得传统的关税和非关税壁垒等贸易限制措施难以适用,因此国际贸易法需要采取新的监管方式。例如,数字经济时代需要对数据流动进行管理和监管,因此国际贸易法要关注数据流动的自由、互联网税收等问题。此外,数字经济中涉及知识产权和数据安全等重要问题,也需要国际贸易法完善相关的监管和保护机制。

3. 挑战传统的国际贸易规则

传统的国际贸易规则主要适用于传统的商品贸易,无法完全适应数字经济时代的特点和需求。数字经济的发展推动了新的贸易形式和商务模式的出现,如电子商务平台、在线支付等,这些新的商务模式带来了新的贸易难题。数字经济与WTO规则之间存在冲突和融合。数字经济的发展使得WTO规则需要进行相应的调整以适应数字时代的贸易活动。WTO规则的基本原则和价值依然对数字经济的发展具有重要意义,需要加以保护和维护。

第二章 数字经济的商业模式

第一节 电子商务模式

一、电子商务模式定义

(一)电子商务的发展过程

在数字经济的时代,电子商务成为商业模式的主要形式之一。电子商务的发展经历了几个重要的阶段,从最初的线上购物到如今的智能零售,其发展过程代表了数字化商业的飞速发展和演变。

电子商务的发展可以追溯到 20 世纪 90 年代。这一阶段,电子商务主要以 B2C(Business to Consumer)的形式存在,即企业直接向消费者销售产品和服务。这使得消费者能够通过互联网轻松地购买商品,打破了传统零售业的空间限制,为商业模式的创新打下了基础。

随着互联网技术的进一步发展,电子商务出现了更多的形式和模式。B2B (Business to Business)模式成为电子商务发展的重要组成部分。在这一模式下,企业之间通过电子平台进行交易和合作,实现了更高效、更便捷的供应链管理和业务拓展。同时,C2C(Consumer to Consumer)模式也在兴起,消费者之间可以通过平台进行二手交易,形成了一个新的消费模式。

电子商务的发展还带来了新的商业模式和业态。例如,电子商务平台的兴起,为企业提供了一个在线的商业环境,促进了供需匹配和交易的发生。同时,通过提供多样化的服务和优惠政策,电子商务平台吸引了大量的消费者,推动了数字经济的快速增长。

(二)电子商务模式的分类

电子商务模式是指企业在数字经济时代进行商业活动时所采用的商业模式。在电子商务领域,存在着多种不同的商业模式,这些商业模式根据商业活动的特点和目标进行分类,以便企业能够更好地选择适合自己的模式来进行电子商务的运营。

第一种常见的电子商务模式是 B2C 模式,即企业与消费者之间的直接交易。在 B2C 模式中,企业通过建立自己的电子商务平台或者使用第三方电子商务平台,向终端消费者销售产品或服务。这种模式适合于传统零售业务的线上转型,为消费者提供了便利的购物体验,同时带来了更广阔的市场机会。

第二种常见的电子商务模式是 B2B 模式,即企业间的商业交易。在 B2B 模式中,企业通过电子商务平台,与其他企业进行采购、销售和合作等商业活动。B2B 模式的兴起,极大地简化了企业之间的商业交流和协作流程,提高了效率,降低了成本。尤其在供应链管理方面,B2B 模式的应用有着显著的效果。

第三种常见的电子商务模式是 C2C 模式,即消费者间的商业交易。在 C2C 模式中,个人消费者通过电子商务平台相互之间进行商品的买卖。这种模式下,平台提供了市场和支付等基础设施,个人消费者可以轻松地进行闲置物品的交易,实现了资源的共享和二手市场的发展。

还存在着其他一些特殊的电子商务模式,如 O2O(Online to Offline)模式、P2P(Peer to Peer)模式、G2B(Government to Business)模式等。这些模式的出现和发展,进一步拓宽了电子商务的应用领域,促进了数字经济的发展,并对传统零售业产生了重要的影响。

(三)电子商务模式的特点

1. 多元化和灵活性

在传统的商业模式中,往往只有固定的几种商业模式可以选择,电子商务模式则提供了更多的选择和变化的空间。电子商务企业可以根据市场需求和竞争环境不断调整和改进自己的商业模式,以适应不断变化的市场。

2. 创新和创造价值

通过利用数字技术和互联网平台,电子商务企业可以创造出新的商业模式,通过重新定义产业价值链和商业流程,实现创新和增加附加值。电子商务模式的创新不仅可以促进企业的发展和增长,同时还为消费者带来更多的选择和便利。

3. 强调用户体验和个性化

在传统的商业模式中,大多数产品和服务是面向广大消费者的,缺乏个性化的定制和差异化的体验。而电子商务模式通过互联网和数字技术,为消费者提供了个性化的产品和服务,满足了消费者不同的需求和偏好。通过了解和分析用户数据,电子商务企业可以为用户提供更加个性化和精准的产品和服务,提高用户体验感。

4.强调协同和合作

相比传统的商业模式中企业之间竞争的关系,电子商务模式更加注重企业之间的合作和共赢。通过电子商务平台,企业可以与供应商、合作伙伴、消费者等各方进行更有效的沟通和协作,实现资源的共享和互利共赢。通过合作,企业可以更好地利用各方的专长和资源,实现产业链的整合和优化。

二、电子商务平台管理

(一)电子商务平台的管理策略

在数字经济的时代,电子商务平台的成功管理对于企业的发展至关重要。为了保持竞争力和持续增长,电子商务平台需要制定有效的管理策略。

1.制定完善的市场营销策略

电子商务平台需要通过市场调研和分析来了解目标用户群体的需求和偏好,并根据这些信息制定相应的产品定位和价格策略。此外,平台还需要通过广告、促销活动和营销渠道的优化来提高品牌知名度和吸引力,以吸引更多的用户和增加销售额。

2.注重用户体验的优化

一个良好的用户体验能够增加用户的满意度和忠诚度。因此,平台应该关注网站的设计和易用性,确保用户可以方便地浏览和购物。此外,平台还可以通过个性化推荐、用户评价和及时的客户服务来提供更好的用户体验。

3.重视供应链管理

有效的供应链管理可以提高产品的交付速度和质量,从而增加用户的信任感和忠诚度。为了实现这一点,平台应该与供应商建立紧密的合作关系,确保供应链的流畅运作。同时,平台也可以考虑引入先进的技术和系统来优化供应链的管理和控制。

4.关注客户关系管理

建立良好的客户关系可以增加客户的忠诚度和复购率。平台可以通过建立客户数据库和定期的客户维护活动来改善客户关系。平台还可以通过积极回应客户的反馈和投诉,并提供个性化的客户服务来加强与客户的沟通和互动。

5.关注风险管理

在数字经济的环境下,面临的风险是多样化的,包括技术风险、信息安全风险和法律法规风险等。因此,平台需要制定相应的风险管理策略,并建立风险预警机制。此外,平台还可以寻求合作伙伴的支持,共同应对可能出现的风险和挑战。

(二)电子商务平台的竞争力分析

在数字经济的时代,电子商务平台的竞争力逐渐成为企业追求和关注的焦点。电子商务平台的竞争力可以从多个方面进行分析和评估,包括平台的用户规模、用户活跃度、供应链的可靠性、创新能力以及服务质量等。

1.用户规模

平台的用户规模直接影响着平台的市场份额和影响力。一个庞大的用户基数意味着平台能够吸引更多的商家入驻,同时能够提供更多的选择和便利性给消费者。因此,电子商务平台需要通过精准的市场定位、有效的推广手段和良好的用户体验来吸引更多的用户加入。

2.用户活跃度

用户活跃度反映了用户对平台的黏性和忠诚度。一个高度活跃的用户群体意味着平台能够持续地提供吸引力和价值给用户,从而留住用户并增加用户的购买频率和订单量。为了提高用户活跃度,电子商务平台需要不断优化用户体验,提供个性化的推荐和优惠活动,并与用户保持良好的沟通和互动。

3.供应链的可靠性

供应链管理涉及平台与供应商之间的合作和协调,包括供应商的选择、采购和库存管理等。一个高效可靠的供应链可以保证平台及时地满足用户的需求,减少订单的延误和失误,并提供优质的商品和服务。因此,电子商务平台需要建立稳定的供应链合作伙伴关系,并通过信息技术的应用提高供应链的透明度和效率。

4.创新能力

随着技术的发展和市场的变化,电子商务平台需要不断地创新和改进,以适应不断变化的市场需求和用户需求。平台应该加强研发和创新投入,提供更多的产品和服务创新,包括新的支付方式、营销手段和用户体验等。创新能力可以增加平台的差异化竞争优势,从而获得更多的用户和市场份额。

5.服务质量

良好的服务质量可以建立平台的品牌形象,提高用户对平台的信任度和满意度。平台需要注重客户服务,及时解答用户的问题和解决用户的投诉,并建立完善的售后服务体系。此外,为了保证服务质量,平台还需要加强对商家的管理和监督,确保商家的产品质量和服务质量符合用户的期望。

三、物流与供应链管理

(一)电子商务下的物流模式

随着数字经济的迅猛发展,电子商务模式已经成为商业领域的一种重要模式。电子商务的兴起,对物流模式提出了全新的要求和挑战。在传统零售业中,物流是商品从生产地到销售地的各个环节,主要包括采购、运输、仓储、配送等。然而,电子商务的兴起改变了传统零售业的运作方式,也对物流模式提出了更高的要求。

电子商务模式的特点决定了物流模式必须具备高效性和灵活性。相比传统零售业,电子商务的订单量更大、订单变动频繁,要求物流能够快速、准确地处理订单,并确保及时的配送。因此,在电子商务下的物流模式中,需要建立健全的供应链网络,实现各个环节之间的信息共享和流程优化,以提高物流的效率和反应速度。

电子商务模式下的物流模式必须具备高度的可追溯性和可视性。在传统零售业中,物流环节较为简单,供应商、物流企业和零售商之间的协作相对简单明确。而在电子商务下,订单信息、库存信息等需要实时共享,要求各个环节的信息流程能够透明化,实现物流过程的可追踪和可视化。

电子商务模式下的物流模式需要充分考虑最后一公里的配送问题。在传统零售业中,顾客需自行前往实体店购买商品,而在电子商务下,顾客需要通过物流配送将商品送到指定地点。由于最后一公里的配送问题是物流过程中最关键的环节,也是最具挑战性的环节,因此在电子商务下的物流模式中,需要探索并实施创新的配送模式,如智能快递柜、第三方配送等,以提高配送的效率和用户体验。

(二)电子商务与供应链管理的关系

电子商务的兴起和发展不仅对传统零售业产生了深远影响,还给供应链管理带来了巨大挑战和机遇。电子商务与供应链管理密切联系,相互依存,二者之间的关系日益紧密。电子商务通过互联网和电子平台的运营,使供应链管理更加高效、灵活和可控。

电子商务与供应链管理的关系在信息流、物流和资金流三个方面得以体现。在信息流方面,电子商务通过电子平台的在线交易、订单管理和数据分析,提供了及时、准确的市场需求信息和销售数据。供应链管理可以根据这些信息进行生产计划、物流配送和库存管理,以满足市场需求。在物流方面,电子商务通过整合物流资源、建立配送网络和提供快速配送服务,实现了供应链的物流效率和可靠性的提升。在资金流方面,电子商务通过电子支付、在线结算和金融服务,简化了供应链支付流程,加快了资金回收和资金利用效率。

电子商务对供应链管理的要求提高了供应链的响应速度、灵活性和可扩展性。传统供应链管理通常面临着信息传递不畅、响应速度慢和盲目预测等问题,而电子商务通过在线交易平台与消费者的直接联系,缩短了商业活动的周期,并提供了实时的市场需求反馈。供应链管理可以根据实时需求信息快速进行调整,并通过灵活的供应链网络和交付机制,实现对市场快速变化的响应。电子商务的高度扩展性使供应链管理面临更大的市场和客户需求,需要建立弹性的供应链能力来满足不同规模和复杂度的业务需求。

电子商务对供应链管理的影响还表现在供应链的可视化和数据驱动。电子商务通过电子平台和数据分析技术,实现了供应链的全链条可见性和数据共享。供应链管理可以通过数据模型和预测分析,对供应链网络和业务流程进行优化和调整,以提升运营效率和客户满意度。电子商务的大数据应用使得供应链管理可以更好地进行需求预测、库存管理和供应链风险控制,提高供应链管理的决策水平和运营质量。

(三)电子商务对供应链管理的影响

电子商务的快速发展对传统供应链管理方式带来了深刻的影响。传统供应链管理以生产企业为核心,通过一系列线性的流程将产品送达消费者手中。然而,电子商务模式的兴起将供应链管理的重心转移到了消费者端,推动了供应链的重新塑造和优化。

电子商务模式改变了供应链中的信息传递与协调方式。传统的供应链中,信息的传递和沟通需要经过多个环节,不仅耗费时间和资源,还容易引发信息不对称和沟通失误问题。而在电子商务模式下,通过互联网和电子商务平台,供应链中的各个环节可以实现实时的互联互通,加快信息传递的速度和准确性,提高了供应链的协同效率。

电子商务模式推动了供应链的数字化和智能化。电子商务平台提供了丰富的数据和技术支持,可以对供应链管理进行精细化的监控和分析。通过运用大数据、人工智能等技术手段,可以对供应链中的各个环节进行优化和预测,提高供应链的灵活性和响应速度。例如,通过对消费者购买行为和偏好的分析,可以实现个性化定制和准确的需求预测,从而提前调整供应链策略,降低库存成本和运输风险。

电子商务模式也带来了供应链伙伴关系的全新演变。在传统供应链中,供应商和零售商之间的合作往往是线性的、一对一的关系。然而,电子商务模式下,供应链可以变得更加开放和协作。电子商务平台可以将多个供应商和零售商联系在一起,形成多对多的供应链网络。供应链伙伴可以共享资源和信息,进行合作销售和共同市场推广,实现资源的优势互补和风险共担。这种开放性的供应链合作关系可以提高供应链的灵活性和创新能力,促进供应链整体效能的提升。

(四)电子商务下的供应链优化策略

为了在竞争激烈的市场中取得竞争优势,企业需要通过优化供应链来提高运营效率和顾客满意度。

1.建立强大的合作伙伴关系

电子商务平台提供了一个有效的渠道,使企业能够与供应商、物流服务商和其他关键合作伙伴建立紧密的合作关系。通过与合作伙伴共享信息和资源,企业可以更好地协调供应链活动,实现更快的交付速度和更高的响应能力。

2.采用先进的技术和工具来优化供应链

电子商务平台的发展使企业能够更好地应用物流信息系统、供应链管理软件和大数据分析等技术。这些工具和技术可以帮助企业实时监控物流运作、预测需求、优化库存管理,并提供精确的供应链数据分析报告。借助这些技术和工具,企业可以更好地对供应链进行规划和决策,从而提高运营效率和降低成本。

3.供应链可视化

通过建立一个供应链可视化平台,企业可以实时监控和追踪物流运作的各个环节。这种可视化平台可以提供物流数据的可视化展示,提供交互式仪表盘和报告,使企业能够更好地了解供应链状况、识别瓶颈和改进的空间。通过实时的数据分析和反馈,企业可以采取相应的措施,迅速响应市场需求变化,并实现供应链的持续优化。

4.供应链协同

电子商务平台提供了一个共享和协作的平台,使多个参与方能够进行信息交流和协同工作。企业可以与供应商、仓储服务商、承运商等建立紧密的合作关系,在供应链各个环节实现协同。通过协同,企业可以优化订单处理、提高物流速度、降低运输成本,并更好地满足顾客需求。

四、对传统零售业的影响

(一)电子商务与传统零售业的对比分析

随着数字经济的快速发展,电子商务在商业模式中扮演着越来越重要的角色。相较于传统零售业,电子商务具有独特的优势和特点,使两者之间有着明显的差异和对比。

电子商务采用的是线上交易模式,通过电子设备和互联网技术,顾客可以在任何时间、任何地点进行购物。而传统零售业依靠实体店铺,顾客需要亲自前往店铺才能购买商品。这种差异导致了电子商务具有更大的灵活性和便利性。

电子商务消除了地域限制。传统零售业的店铺数量和位置有限,只能在特定的地理范围内服务顾客,而电子商务平台可以覆盖全国甚至全球的市场。电子商务的全球化特点使得商家可以更加容易地触达更广阔的潜在客户群体。

电子商务的成本控制能力也是其与传统零售业的重要差异之一。传统零售业需要支付店铺租金、人工工资以及库存管理等各项成本,而电子商务平台的经营成本相对较低。通过电子商务平台,商家可以减少对实体店面的依赖,实现仓储与物流的优化,从而控制成本、提高效率。

电子商务平台也拥有更好的个性化推荐和客户数据分析能力。传统零售业往往难以准确把握顾客需求和偏好,而电子商务平台通过对大量用户数据的分析,可以更好地了解顾客的购买习惯和兴趣,从而提供更加个性化的推荐和定制化的服务。

(二)电子商务对传统零售业的冲击

电子商务作为一种新兴的商业模式,对传统零售业产生了深远的冲击。电子商务的兴起改变了消费者的购物习惯。传统零售业通常需要顾客亲自到实体店铺购买商品,而电子商务提供了便捷的线上购物体验。消费者可以在家中使用电子设备随时随地访问电子商务平台,浏览商品并下单购买,无须花费大量时间和精力。这种购物方式的便利性吸引了越来越多的消费者转向电子商务,进而导致传统零售业的销售额下降。

电子商务对传统零售业的竞争压力不容忽视。电子商务平台提供了广泛的商品选择和竞争性价格。消费者可以通过电子商务平台比较不同品牌、不同卖家的商品和价格,从中选择最具性价比的产品。这使得传统零售业面临着来自电子商务平台的直接竞争。许多消费者更倾向于选择线上购物,这导致了传统零售业的生意逐渐衰退。

电子商务还通过打破地域限制和时间限制,改变了传统零售业的经营模式。传统零售业通常受限于实体店铺的地理位置,只能服务于附近的消费者。电子商务平台则可以通过物流配送网络覆盖更广的地区,实现全国乃至全球范围的销售。同时,电子商务平台24小时在线运营,消费者可以随时购买商品,不再受限于传统零售业的营业时间。这种无时无刻不在的服务使电子商务具备了极强的竞争力,进一步冲击了传统零售业。

(三)电子商务对传统零售业的机遇

在数字经济时代,电子商务的快速发展给传统零售业带来了许多新的机遇。电子商务的兴起不仅扩大了传统零售业的市场规模,还提供了更多的销售渠道和商业合作模式。以下将从市场扩大、创新商业模式和增强客户体验三个方面介绍电子商务对传统零售业的机遇。

电子商务的普及使传统零售业的市场规模得以快速扩大。随着移动互联网的普及和电子商务平台的成熟,消费者可以通过线上渠道进行商品浏览、比价和购买,而不再受到传统实体店面的地域限制。因此,传统零售企业可以通过搭建自己的电子商务平台或与第三方电商平台合作,将产品推广到更广阔的市场,吸引更多的消费者。

电子商务的兴起带来了创新的商业模式。传统零售业通过线下实体店面进行商品销售,电子商务则引入了线上线下结合、O2O等新的商业模式。通过线上平台,传统零售企业可以与供应商直接合作,降低采购成本,并通过数据分析和个性化推荐等手段提升销售效率。通过线下实体店面,传统零售企业可以提供实际的触觉和体验,吸引更多消费者到店消费。这些创新的商业模式让传统零售企业能够更好地应对电子商务的挑战,实现转型升级。

电子商务极大地增强了客户体验,为传统零售业带来了新的竞争优势。通过电子商务平台,消费者可以获得更加便捷、快速和个性化的购物体验。比如,消费者可以通过电子商务平台随时随地浏览、购买商品,并享受多种支付方式和快速物流服务。同时,电子商务也为传统零售企业提供了与消费者互动的机会,通过社交媒体、在线客服等方式建立起更紧密的关系,并及时了解消费者需求和反馈,从而不断改进产品和服务。

第二节　共享经济模式

一、共享经济模式的定义

(一)数字经济中共享经济的概念

数字经济作为一种全新的经济形态,深刻改变了传统产业的商业模式。共享经济作为数字经济的重要组成部分之一,日益受到人们的关注和重视。共享经济模式以资源共享和互助交易为核心,通过互联网平台的建设与运营,实现了资源的高效配置和优化利用。

共享经济的概念可以从多个角度进行解读。共享经济强调的是资源的共享。传统经济模式下,资源是由少数人拥有和掌控,而在共享经济模式下,人们可以通过互联网平台将闲置的资源进行共享,以获取更好的利用效率。这种资源共享的理念,不仅能够满足个体的需求,还能够促进社会资源的合理分配,实现资源的共赢。

共享经济强调的是互助交易。在传统经济模式下,交易往往是由买卖两个独立的主体完成,而在共享经济模式下,人们可以通过互联网平台进行资源的共享和交易,实现资源的互惠和互助。这种互助交易的模式,不仅能够满足个体的需求,还能够促进社会的互动和合作,实现更高效的资源配置。

共享经济的概念还与数字经济的发展密切相关。数字技术的广泛应用和互联网的普及,为共享经济的兴起提供了有力的支持。通过互联网平台的搭建和运营,共享经济模式可以实现信息的全球化共享和即时传递,极大地提高了资源配置的效率和范围。同时,数字技术的发展还为共享经济模式的规模化和精细化提供了支持,让更多的人能够参与到共享经济中,实现更多样化的资源共享。

(二)共享经济的运行机制

共享经济的运行机制是指共享经济模式在实际运作中所采用的组织和管理方式,以实现资源的共享和优化利用。共享经济的运行机制有以下四个关键要素。

1.平台技术和数字化能力

共享经济模式依赖于先进的平台技术和数字化能力来实现资源的匹配和交易。互联网和移动互联网的发展为共享经济的运行提供了有力的支持。这些平台技术包括在线交易平台、社交媒体、移动支付等,通过这些技术手段,共享经济平台能够实现供需双方的信息对称和高效的交易流程。

2.社群和信任机制

共享经济模式建立在社群和信任机制的基础上。由于资源的共享需要参与者之间的互信和合作,因此共享经济平台通常会建立社群网络,通过用户评价和信用评级等机制来筛选和管理参与方。这样既可以增强用户之间的信任感,又可以减少信息不对称和交易风险。

3.供需匹配算法和推荐系统

共享经济平台依赖于供需匹配算法和推荐系统来实现资源的精准匹配,以提高资源利用效率。这些算法和系统基于用户的偏好和行为数据,利用数据分析和机器学习等技术手段,将供给方和需求方进行匹配,并向用户提供个性化的推荐服务。通过这种方式,共享经济平台可以促进资源的精准配置,提高资源的利用率。

4.创新的价值创造和分配方式

共享经济模式通过创新的价值创造和分配方式,实现资源的共享和价值的最大化。传统的商业模式通常是以产品或服务为中心,而共享经济模式更注重资源的共享和互利共赢。共享经济平台通常采用灵活的定价机制和分成模式,根据供需关系和交易情况进行动态调整,以实现资源的公平合理分配和价值的最大化。

(三)共享经济的发展历程

共享经济的发展历程可以追溯到 2008 年金融危机以后。受到经济萧条和就业困难的影响,人们开始寻求以更低成本获取各种服务和资源的途径。这一时期,一些创业者开始尝试建立一个通过互联网平台连接提供服务者与需求者的模式,以实现资源的共享和更高效的利用。这实质上也是共享经济的雏形。

随着互联网技术的进一步发展和普及,共享经济逐渐从最初的点对点模式转变为以平台为中介的多对多模式。这使得共享经济的规模进一步扩大,并且各个领域的共享经济平台相继涌现。例如,车辆共享、房屋共享、办公空间共享等各种形式的共享经济服务开始兴起。

共享经济的发展历程还受到了技术进步的推动。移动互联网的普及以及手机应用程序的发展,使得共享经济更加易于使用和便捷。用户只需下载相应的应用程序,就能轻松参与到共享经济中,无论是提供服务还是获取服务,都变得非常简单。这也为共享经济平台的成熟和蓬勃发展提供了坚实的技术基础。

共享经济的发展历程还受到了政策环境的影响。在一些国家和地区,政府对共享经济的支持和监管力度逐渐加大,为共享经济发展提供了良好的政策环境。例如,一些国家对共享经济平台实行消费者保护和合规性要求,确保共享经济的安全和可持续发展。

二、共享经济模式的分类

(一)按照交易对象分类

在共享经济模式中,根据交易对象的不同特性,可以将其进行分类。这样的分类有助于我们更好地理解共享经济模式的多样性和复杂性,以及为不同的交易对象提供适当的服务和支持。

1.按照人与人之间的交易进行分类

在这种类型的共享经济模式中,个人与个人之间通过平台进行交易,如共享住宿、共享出行等。这种模式的特点是创造了一个非常便捷和灵活的交易方式,使得个人之间能够相互分享和利用资源,如住宿空间、车辆等。这种模式的优势在于降低了交易成本,提供了更多的选择,同时为人们提供更多参与经济活动的机会。例如,在共享住宿模式下,人们可以通过在线平台将自己的闲置房间出租给需要的人,从而实现资源共享和经济回报。

2.按照人与物之间的交易进行分类

在这种类型的共享经济模式中,个人通过平台与物品进行交易,如共享办公空间、共享工具等。这种模式的特点是通过共享物品,提高了物品的利用率和效益,减少了资源的浪费,同时降低了个人的经济负担。例如,在共享办公空间模式下,个人可以通过在线平台租用办公室空间,减少了租金、设备购买等方面的费用。这种模式的优势在于提供了更加灵活和经济的办公解决方案,适应了现代办公方式的多样性和变化性。

3.按照人与服务之间的交易进行分类

在这种类型的共享经济模式中,个人通过平台与服务进行交易,如共享技能、共享家政等。这种模式的特点是通过共享服务,提供更广泛的服务选择和更高效的服务质量,同时降低了个人的时间和经济成本。例如,在共享技能模式下,个人可以通过在线平台找到专业的技能提供者,解决自己在某些领域的需求。这种模式的优势在于提供了更加便捷和高质量的服务,促进了技能的共享与传播。

(二)按照交易模式分类

在共享经济模式中,交易模式是一个关键的分类因素。根据交易模式的不同,可以将共享经济模式分为多种类型,包括个人对个人(P2P)、企业对个人(B2P)和企业对企业(B2B)等。

1.个人对个人交易模式

在这种模式下,个人之间通过平台进行资源的共享和交换。典型的例子包括共享单车、共享住宿和共享办公空间。通过共享经济平台,个人可以自由地出租或借用自己的资源,实现资源的最大利用率。这种模式的优势在于提高了资源的利用效率,降低了交易成本,并促进了社会资源的共享与再利用。

2.企业对个人交易模式

在这种模式下,企业将自己的产品或服务提供给个人用户。典型的例子包括共享汽车平台、共享雨伞服务和共享家政服务。通过这种模式,企业可以将自己的闲置资源进行有效利用,并且个人用户可以根据自己的需求选择合适的产品或服务。这种交易模式实现了企业与个人用户之间的互惠互利,同时为企业带来了更多的商业机会。

3.企业对企业交易模式

在这种模式下,企业之间通过共享经济平台进行资源的共享与交换。典型的例子包括共享物流平台、共享办公室和共享研发设备。通过共享经济模式,企业可以通过资源共享降低运营成本,提高效率,并且激发创新活力。此外,这种交易模式还可以促进企业之间的合作与共赢,形成良性竞争与合作的生态系统。

(三)按照行业属性分类

在共享经济模式中,根据不同的行业属性,可以将其进一步细分为不同的分类。这种分类方式主要是基于共享经济在不同领域中的应用和发展特点,以及涉及的行业背景和特殊需求。下面将具体介绍几种按照行业属性分类的共享经济模式。

按照行业属性,可以将共享经济模式划分为交通出行类共享经济模式。随着城市化进程的加速和人们对出行效率的要求提高,共享交通模式不断涌现。如共享单车、共享汽车等,这些模式都是在交通出行领域中应用的共享经济模式。通过共享交通工具,人们可以更加方便地出行,不仅节约成本,还可以减少交通拥堵和环境污染。

按照行业属性,可以将共享经济模式划分为住宿类共享经济模式。随着旅游业的蓬勃发展,共享住宿模式逐渐走进人们的生活。通过共享住宿平台,人们可以将自己的闲置房屋或者空余房间出租,也可以选择共享他人的住房。这种模式使得旅游住宿更加便捷、灵活,并且能够节约旅游成本。在这个模式下,房主和租客之间形成了一种互利共赢的关系。

按照行业属性,也可以划分为文化娱乐类共享经济模式。现在越来越多的人愿意分享自己的爱好和技能,通过共享经济平台连接到有相同兴趣爱好的人群。如共享书籍、共享音乐、共享电影等。这种模式将文化和娱乐资源进行共享,使人们可以更加便捷地获取和分享各种文化娱乐资源,丰富自己的生活。

按照行业属性,还可以划分为劳务类共享经济模式。这种模式主要是基于人力资源的共享,将雇主和劳动者连接起来。如共享办公空间、共享人力资源等。企业可以根据自身需求,灵活选择劳动力,而劳动者也可以通过共享经济平台找到合适的兼职工作机会。这种模式使劳动力资源得到更加合理和高效的利用。

三、共享经济模式的关键要素

(一)平台构建

在共享经济模式中,平台构建是其中一个关键要素。共享经济平台是连接供需双方的中介平台,其提供了在线市场,便于用户进行资源共享和交易。平台构建的成功与否直接影响着共享经济模式的实施效果。

平台的技术支持是平台构建的基础。共享经济模式依赖于数字技术的支持,如互联网、移动应用等。这些技术的发展使共享经济模式能够更加便捷地连接供需双方,提供灵活的交易方式。因此,平台需要拥有先进的技术基础和稳定的服务器架构,以确保平台的高效运行和良好的用户体验。

平台的设计和用户界面也是平台构建的重要方面。共享经济平台应该具备简洁明了的操作界面,方便用户进行交易和沟通。平台的设计应该考虑用户友好性,使用户能够快速上手并使用平台提供的服务。为了实现这一目标,平台需要进行用户体验研究和不断的优化,以满足用户需求并提高平台的使用率。

平台的安全性也是平台构建的重中之重。在共享经济模式中,用户需要提供个人信息并进行交易,因此平台必须确保用户数据的安全保密。平台需要采取严格的隐私保护措施,并确保交易过程中的安全性,以建立用户对平台的信任感。

平台的经营模式和商业策略也是平台构建的一部分。共享经济平台需要制定合理的费用体系和利润分配机制,既保证平台的运营和维护,又能够激励供需双方的参与。平台还需要根据市场需求和竞争状况进行定价和营销策略的制定,以提升平台的市场竞争力。

(二)信任机制

在共享经济模式中,由于平台的参与者之间通常是陌生人,因此建立起信任机制是确保顺利交易和良好用户体验的关键。信任机制涉及用户的身份认证、信用评估以及纠纷解决等方面,旨在提升用户之间的信任度,减少欺诈行为的发生。

1.身份认证

平台需要确保用户的真实身份,以避免用户冒用他人身份进行不正当交易行为。为了实现身份认证,平台通常要求用户提供有效的身份证明材料,如身份证、驾驶证或护照等。平台会对这些身份证明材料进行审核,确保用户的身份真实可靠。

2.信用评估

通过对用户的行为、交易记录等进行评估,平台可以为用户建立信用档案,并根据其信用水平提供相应的信用等级。这些信用等级可以向其他用户传递有关用户可信度的信息,帮助用户进行决策。对于信用低下的用户,平台可以采取限制交易、提高担保金等措施,以确保交易安全。

3.纠纷解决机制

由于共享经济模式中存在各种潜在的纠纷,如物品损坏、违约行为等,因此平台需要提供一个公正、有效的纠纷解决机制来处理用户之间的纠纷。这可能包括在线仲裁、投诉处理、第三方调解等方式，以确保用户的权益能够得到保障。

4. 建立用户之间的社交互动

平台可以通过开展用户评价、评论、互动等活动，促进用户之间的交流，增加彼此的了解和信任。用户可以在评价系统中分享他们的使用体验，提供有关其他用户的参考和决策依据。

(三)用户参与

共享经济的成功与否，很大程度上取决于用户的积极参与程度。用户参与包括两个方面，即用户作为共享平台的使用者以及用户作为共享资源的提供者。

作为共享平台的使用者，用户在共享经济模式中扮演着重要的角色。他们通过共享平台找到自己所需要的资源，与其他用户进行交流和互动。在这个过程中，用户通过评价和评论的形式分享自己的使用体验，帮助其他用户做出更好的选择。用户的参与不仅提高了共享经济的效率，还增加了平台的可信度和声誉，进而吸引更多的用户加入进来。

用户还可以成为共享经济模式中的资源提供者。这种参与形式不仅能够帮助用户变废为宝，还能够为其他用户提供便利和服务。比如，在共享出行领域，用户可以将自己的车辆分享给其他需要出行的用户，从而实现资源的充分利用和互惠互利。而在共享住宿领域，用户可以将自己的闲置房屋出租给旅行者，为他们提供舒适的住宿环境。用户作为资源提供者的参与，不仅拓宽了共享经济的服务范围，还促进了资源的重新分配和再利用。

用户参与的核心在于共享经济的平台建设和信任机制的支持。只有共享平台能够提供方便、高效、安全的交易环境，用户才能够更加积极地参与其中。因此，在共享经济模式中，平台要具备良好的技术支持和信息管理能力，以确保用户的信息安全和交易的顺利进行。同时，建立信任机制也是至关重要的，可以通过用户评价和信用体系等方式来确保交易的可靠性和公平性。

(四)利益分配

共享经济平台作为中介者，扮演着资源整合和协调的角色，必须合理分配参与者创造的价值。利益分配的合理性,直接关系到参与者的积极性和共享经济模式的可持续发展。

对于共享经济平台而言,实现公平和透明的利益分配是当务之急。平台应该建立起明确的规则和制度,确保资源和收益的分配具有可预见性和可计算性。例如,可以采用积分制度或者使用货币化的方式进行利益分配,使每个参与者都能清楚地知道自己的贡献所带来的回报。

利益分配应该注重社会公益和可持续发展。共享经济模式强调资源的共享和互助,不仅仅是为了谋求经济利益,更应该注重社会责任和环境保护。因此,一部分收益可以用于支持慈善事业、社区发展或者环境保护项目。这样不仅能够提高共享经济的社会形象,还可以为整个共享经济生态系统的可持续发展提供支持。

利益分配需要考虑参与者的贡献和风险。在共享经济中,平台、服务提供者和用户都扮演着重要的角色,每个人的付出和风险都是不可忽视的。因此,利益分配应该根据不同参与者的贡献程度和风险承担程度进行合理分配。例如,平台可以通过设立不同的服务等级或者提供奖励机制来激励和回报那些表现出色的服务提供者和用户。

利益分配还应该考虑参与者的权益保护。共享经济模式的发展,离不开参与者的信任和支持。因此,平台应该建立健全的权益保护机制,保障参与者的合法权益。例如,建立客户服务热线、规范交易纠纷处理流程等,提供及时的协助和维权服务,增加参与者对平台的信任和信心。

四、共享经济模式对传统产业的影响

(一)对传统产业的冲击

共享经济模式的兴起给传统产业带来了巨大的冲击。传统产业往往是以单一企业为主导的封闭型模式,通过自有资源和生产能力来实现盈利,并且在竞争激烈的市场中追求规模和效率的最大化。然而,共享经济的出现打破了传统的商业模式,通过线上平台和创新的商业模式,将个人和企业的闲置资源进行共享和利用,带来了全新的商业价值。

共享经济模式的兴起对传统产业的冲击主要表现在资源利用效率的提升上。传统产业往往存在着大量的资源浪费和闲置现象,如酒店的客房闲置、汽车的停车闲置等。而共享经济模式通过线上平台的搭建,将这些闲置资源进行统一管理和分配,使其得到充分利用。以共享住宿为例,通过民宿平台,个人房主可以将自己的房源出租给需要的旅行者,使资源得到高效利用,降低了浪费。

共享经济模式的兴起对传统产业的冲击还体现在市场竞争格局的改变上。传统产业的市场竞争往往是基于价格和质量的竞争,大型企业通过规模优势和品牌效应来获取竞争优势。共享经济打破了传统产业的垄断地位,使得小型企业和个人也有机会进入市场,并通过创新的商业模式来获取竞争优势。以共享出行为例,传统的出租车行业面临着共享出行平台的竞争,平台上的个人司机可以提供更加灵活和便捷的服务,从而吸引了一部分乘客。

共享经济模式的兴起还给传统产业带来了技术和管理的革新。共享经济往往依托于互联网平台,采用先进的信息技术和数据分析方法,实现资源的精准匹配和效率的提升。传统产业在与共享经济进行融合时,不得不进行组织机构和管理方式的变革,引入互联网思维和创新的技术手段,以适应共享经济带来的变革。例如,传统酒店业可以通过与共享住宿平台合作,引入在线预订系统和智能化设备,提升客户体验和管理效率。

(二)对传统产业的融合

共享经济模式的出现打破了传统产业之间的边界,促使不同领域的企业进行合作和资源共享,推动传统产业向更加互联互通的方向发展。

1. 鼓励不同行业之间形成合作与联盟

传统产业通常以各自独立经营为主,很少有交叉合作的现象。而共享经济模式的兴起,通过平台化的组织方式,将多个不同产业的企业连接在一起,形成联盟合作关系。例如,共享经济平台可以将酒店、航空、汽车租赁等传统产业进行整合,提供一站式的旅行服务,实现资源的共享和互补。这种融合能够有效提高产业资源的利用率,为企业带来更多的商机。

2. 对传统产业的数字化转型起到了推动作用

传统产业在数字经济时代面临着转型的挑战,而共享经济平台借助信息技术的力量,提供了数字化的解决方案。通过共享经济平台,传统产业可以更好地利用大数据、人工智能等新兴技术,提高业务的效率和用户体验。以餐饮业为例,通过与共享经济平台合作,餐饮商家可以实现线上线下融合,利用智能化的技术提供订餐、支付、配送等服务,满足消费者多样化的需求。

3.促进了传统产业的创新发展

传统产业往往受限于自身的资源和能力,难以快速创新。而共享经济平台作为一个开放的平台,可以吸引更多的创新者和创业者加入其中,带来新的商业模式和产品。例如,共享充电宝、共享办公空间等新兴产业的出现,为传统产业注入了新的活力和创新动力。传统产业通过与这些新兴产业的融合合作,可以加速创新步伐,实现业务的升级和转型。

(三)对传统产业的创新

在数字经济时代,共享经济模式对传统产业的创新起到了积极的作用。共享经济模式的本质是通过共享闲置资源和互联网平台的便利性,实现资源的高效配置和交换。这种模式为传统产业带来了新的商机和创新的可能性。

共享经济模式为传统产业带来了新的商业模式的创新。传统产业通常面临高成本、低效率等问题,而共享经济模式通过共享资源和平台的连接,实现了资源的充分利用和高效分配。例如,共享单车的出现让人们可以方便地随时随地骑行,不再需要购买、维护自己的自行车,给传统自行车行业带来了全新的商机。通过共享经济模式,传统产业还可以与互联网技术相结合,推出更多创新产品和服务,满足消费者的多样化需求。

共享经济模式对传统产业的创新还体现在提供了新的合作方式。传统产业常常面临着资源的匮乏和竞争的压力,而共享经济模式通过共享闲置资源,实现了多方的合作和互利共赢。例如,共享办公空间的出现为中小企业和个体创业者提供了便利的办公环境,同时提供了企业之间合作的机会,促进了产业创新和发展。共享经济模式还可以促使传统产业之间的融合与协作,形成更加强大的产业生态系统。

共享经济模式的创新对传统产业的发展带来了积极的影响。共享经济模式的崛起不仅改变了传统产业的商业模式,还促进了传统产业的转型升级。共享经济模式倡导资源共享和循环利用,鼓励绿色、可持续的发展理念,推动传统产业向更加环保、节能的方向转变。此外,共享经济模式的出现还加速了传统产业的数字化和智能化进程,提升了传统产业的竞争力和创新能力。

第三节　在线教育模式

一、数字经济与在线教育

(一)在线教育的发展历程

在线教育作为数字经济中的一个重要领域,经历了持续的发展和演变过程。随着信息技术的快速发展和互联网的普及,人们对于教育的需求也发生了变化。在线教育应运而生,以其灵活、便捷、高效的特点,逐渐成为教育领域的新兴模式。

在线教育的发展起源于远程教育。早期的在线教育主要以远程教育为基础,通过邮寄教材、录制课程视频等方式将教育资源传递给学习者。这种模式可以打破时空限制,让学习者在任何时间、任何地点都能够参与学习。

随着互联网技术的不断完善,在线教育逐渐发展成为以互联网为基础的模式。通过网络平台,学习者可以随时随地访问教学资源,参与在线课程和学习活动。教育机构和教师也可以通过在线平台进行教学活动的组织和管理,实现教学资源的共享和交流。

近年来,随着移动互联网技术的飞速发展,移动学习成为在线教育的一个重要方向。移动设备的普及和移动网络的高速发展,使得学习者可以通过手机、平板等移动设备进行学习,随时随地获取教育资源和参与学习活动。移动学习的出现进一步扩大了在线教育的边界,提供了更便捷、灵活的学习方式。

值得注意的是,随着在线教育的快速发展,也出现了一些挑战和问题。在线教育平台的安全性、教学质量的保证以及学习者的学习动力等问题需要得到有效的解决。此外,如何在在线教育中更好地利用技术手段,提高教学效果和学习体验,也是一个重要的课题。

(二)在线教育模式的定义

在线教育模式是指基于互联网技术和数字经济的平台,通过在线学习、教学和评估等方式,实现教育资源的共享和传递。在线教育模式的出现,为教育领域带来了深刻的变革和创新。它不仅打破了传统教育的时空限制,还为学生提供了更加灵活和便捷的学习方式。

在线教育模式充分利用数字经济的特点,实现了教育资源的高效利用和共享。通过在线教育平台,学生可以随时随地获得各种学习资源,不再受到教室或学校的限制。同时,教师和教育机构也可以将自己的教学资源分享到平台上,让更多的学生受益。

在线教育模式注重个性化教学,满足学生的不同需求。在传统的教育模式中,教师通常只能采用一种教学方法,无法满足学生的差异化学习需求。而在线教育模式可以根据学生的兴趣、能力和学习风格,为其提供个性化的学习内容和学习路径。这样,学生可以更加自主地进行学习,提升学习效果。

在线教育模式提供了丰富的学习资源和教学工具。通过在线教育平台,学生可以获得多样化的学习资源,包括教材、视频课程、习题和实践项目等。同时,平台还提供了各种教学工具,如在线讨论、互动评估和实时反馈等。这些资源和工具的丰富性为学生提供了更加丰富多样的学习体验,提高了学习的效果和质量。

在线教育模式对教育资源的分配产生了积极的影响。在传统的教育模式下,教育资源往往集中在一些高水平学校和教育机构中。而在线教育模式通过互联网的全球化特点,可以将教育资源进行跨地域和跨学校的共享和传递。这样,教育资源的不均衡分配问题可以在一定程度上得到缓解,让更多地区的学生能够享受到高质量的教育资源。

二、在线教育平台的运营与管理

(一)平台运营模式

在线教育平台的运营模式是指平台在提供教育服务的过程中所采用的经营方式和运营策略。在数字经济时代,随着互联网技术和信息通信技术的迅速发展,在线教育平台的运营模式正日益成为教育领域的热门话题。在线教育平台的运营模式主要包括以下几个方面。

平台通过建立线上学习平台,为学生提供学习资源和课程内容。在线教育平台通过整合各种教育资源,汇集了海量的教学视频、教材、试题等学习资料,学生可以根据自身需求选择相应的学习资源进行学习。这种运营模式的好处在于大大节约了学习资源的时间和空间成本,学生可以随时随地、按照个人的学习进度进行学习。同时,线上学习平台还为学生提供了便捷的学习交流平台,学生可以与教师和其他学生进行互动交流,提高学习效果。

平台通过招募优秀的教师和专家资源,提供优质的教学服务。在线教育平台通过引进具有丰富教学经验和专业知识的教师和专家,确保学生能够接受高质量、个性化的教学服务。在线教育平台也提供了多种教学方式,包括直播课程、录播课程、线上辅导等,以满足学生不同的学习需求。此外,平台还通过评价和监控机制对教师的教学质量进行评估和监管,确保教学水平的稳定和提高。

平台通过多样化的收费模式实现盈利。在线教育平台通常采用多样化的收费模式,如按课时收费、按课程收费、按会员制度收费等。这种灵活的收费模式可以适应不同学生的需求和支付意愿,提高了平台的盈利能力。同时,平台还可以通过与企事业单位合作、进行广告推广等方式来获取更多的盈利来源。

平台积极推动教育技术的创新和发展。在线教育平台通过不断引进先进的教育技术,如人工智能、大数据、虚拟现实等,不断创新教学模式和教学工具,提升学习效果和教学质量。通过与相关行业的合作,在线教育平台还可以开展研发和推广新的教育技术产品,进一步推动数字经济与教育领域的深度融合。

(二)平台管理策略

为了有效运营和管理在线教育平台,需要制定一系列的管理策略。这些策略旨在提高平台的用户体验、增加用户黏性、促进教育资源的优化分配以及实现平台的经济效益。

1.注重提供高品质的教育内容和服务

这包括积极开展师资培训,确保教师具备优秀的教学能力和丰富的教学经验。平台还应该努力改善教学资源的多样性和可及性,为学生提供更多选择和个性化的学习方案。平台还可以通过持续的技术创新,提供更好的用户界面和功能,增强用户的交互体验和参与感。

2.关注教育资源的优化分配

在线教育平台应该合理配置教育资源,让更多的学生能够享受到高质量的教育资源,尤其是那些地理位置偏远或资源匮乏的学生。对于有限的教育资源,平台可以通过采用智能推荐算法,根据学生的个性化需求和学习情况,将最适合的教育资源推送给他们,提高资源的利用效率。

3. 注重平台的经济效益

在线教育平台需要制定有效的商业模式和盈利策略,确保平台的可持续发展。平台可以通过吸引更多的用户和付费学员来增加收入。平台可以通过提供付费课程、增值服务和终身学习计划等方式,增加用户的付费意愿和购买力。平台还可以与教育机构、企业合作,共同开展培训项目、合办课程等,扩大收入来源。

(三)平台经济效益分析

在数字经济时代,在线教育平台成为教育资源分配的重要渠道。然而,除了传统的教育模式,对于在线教育平台的运营与管理的重点关注,还需要着眼于平台的经济效益分析。

平台经济效益的分析需要从用户规模和用户增长速度两个维度来考量。在线教育平台的经济效益在很大程度上取决于用户的数量和用户的增长速度。通过吸引更多的用户来使用在线教育平台,平台能够获得更多的用户付费收入和广告平台收入,从而实现盈利。因此,对于平台的经济效益而言,用户规模是一个重要的影响因素。

用户付费能力和市场定价策略也对平台经济效益的分析具有重要作用。在线教育平台需要根据用户的付费能力来确定合理的市场定价策略。通过合理的定价策略,平台可以为用户提供具有吸引力的课程资源,并实现盈利。对于不同用户群体的定价策略也需要灵活运用,以满足不同用户的需求,从而提升平台的经济效益。

平台的经济效益还与平台的成本管理和收入分配策略密切相关。平台需要通过高效的成本管理,控制运营成本和技术开发成本,从而提升经济效益。同时,平台也需要合理的收入分配策略,以确保广告收入和用户付费收入能够合理分配给平台和教育资源提供方。通过合理的收入分配,平台能够更好地吸引教育资源提供方的参与,从而提升平台的经济效益。

三、在线教育对教育资源分配的影响

(一)在线教育对传统教育资源分配的冲击

在数字经济时代,随着在线教育的兴起与发展,其对传统教育资源分配产生了深远的冲击。传统教育资源主要集中在少数地区或高校,导致教育资源的分配不均衡。而在线教育通过网络技术的应用,突破了地域和时间的限制,使教育资源得以更加广泛地分发和利用。

在线教育打破了地理位置的限制,使学生可以不受地域限制地获得高质量的教育资源。传统教育资源集中在大城市或发达地区,而农村地区或者边远地区的学生由于交通、住宿等问题往往无法享受到同样优质的教育资源。而在线教育的出现,通过网络平台将教育资源传输到每一个角落,让学生可以随时随地进行学习,弥补了地域差异造成的不公平。

在线教育还打破了时间的限制,使学生可以根据自身的时间安排进行学习。传统教育依赖于固定的上课时间和学校的时间安排,学生需要按照规定的时间到校学习。然而,随着社会节奏的加快和人们对灵活学习需求的增加,传统教育的时间限制成为制约因素。而在线教育提供了自主学习的空间,学生可以根据自己的时间安排进行学习,不再受到时间、地点的束缚,实现了学习的灵活性和个性化。

在线教育对传统教育资源分配的冲击不仅体现在地域和时间的突破,还体现在教育内容和形式的创新。在线教育平台提供了多样化的教育资源,包括在线课程、教学视频、教学资料等,使学生可以根据自身需求选择学习内容。同时,在线教育注重提供互动学习的机会,通过在线讨论、在线作业等方式,促进学生之间的交流和合作。

(二)在线教育对教育公平的影响

在线教育打破了传统教育资源的地域限制,使学生无论身处城市还是农村,都能够享受到同等的优质教育资源。相比于传统教育,在线教育平台能够提供丰富多样的教学内容,包括课件、视频、演示等,使得学生可以根据自身需求进行自主学习和选择。这种个性化学习模式极大地提高了教育的公平性,使每个学生都能够按照自己的节奏和兴趣进行学习。

在线教育改变了传统教育资源的分配方式。传统教育资源主要集中在优质学校和教育机构,而在线教育平台将教育资源的供给进行了扩展和分散。通过在线教育平台,优秀的教育资源可以被更多的学生所获取,无论其地域背景、经济条件如何。这种平等的资源分配,有助于打破教育资源集中在大城市和富裕家庭的现象,促进了教育的公平发展。

在线教育还推动了教育理念的创新和教学方法的改革。传统教育强调面对面的教学方式,而在线教育通过多媒体技术和互联网平台,实现了全新的教学模式。在线教育注重学生的主动参与和互动,通过在线讨论、作业提交和实时评估等方式,激发学生的学习兴趣,并提高教学效果。这种改革的教学模式不仅提升了教育的公平性,还促进了学生个体能力的发展和创新能力的培养。

(三)在线教育资源的优化分配方案

在数字经济时代,在线教育模式已经成为教育领域的重要组成部分。在线教育平台的兴起和快速发展,为教育资源的分配带来了新的机遇和挑战。为了优化在线教育资源的分配,提高教育的效率和公平性,我们需要制定相关的优化分配方案。

在线教育平台可以通过加强教育资源的整合和共享,实现资源的优化配置。传统教育资源分散,学校之间的资源利用率不高,而在线教育平台可以将各个学校和机构的教育资源集中起来,形成一个共享的教育资源库。通过技术手段和平台的支持,可以将优质的资源进行整合和优化配置,使学生可以获得更丰富、更优质的教育内容。

在线教育平台可以通过个性化教学和学习的方式,提高教育资源的适应性和灵活性。在线教育平台提供了更加灵活多样的教学方式,如个性化教学、自主学习等,可以根据学生的不同需求和学习情况,提供相应的资源和教学内容。这样,学生可以根据自身的兴趣和学习进度进行学习,充分发挥自主学习的优势,提高学习效果。

建立评估和反馈机制,促进在线教育资源的优化配置。在线教育平台可以通过评估学生的学习情况和教学质量,提供个性化的反馈和指导。通过及时了解学生的学习情况和需求,平台可以调整资源的分配,提供更加贴合学生需求的教育资源。同时,建立学生、教师和家长之间的沟通渠道,促进资源的有效利用和共享,进一步优化分配方案。

加强政策和法规的支持,为在线教育资源的优化分配提供保障。在在线教育发展的过程中,相关政策和法规的制定和实施,对于资源的优化配置起到重要的引导作用。政府可以加强对在线教育平台的监管,鼓励平台加强资源整合和共享,提供优质的教育内容。同时,要加强对在线教育的研究和评估,及时调整政策,为资源的优化分配提供支持。

四、实践研究

(一)在线教育资源分配经验总结

在线教育作为数字经济中的一个重要组成部分,其资源分配是实现其商业模式的关键。在实践中,我们通过对多个在线教育平台的案例分析和经验总结,得出以下关于在线教育资源分配的几点经验。

1.基于用户需求的个性化资源分配

在线教育平台能够收集到大量用户的学习行为数据,通过对这些数据的分析,可以了解用户的学习偏好、兴趣爱好以及学习进程等。基于这些信息,平台可以针对不同用户提供个性化的资源分配,使学习过程更加针对性和高效。例如,可以根据用户的学习目标和能力水平,为其推荐最适合的课程内容、学习材料和作业练习。

2.多元化的资源形式和渠道

在线教育平台应该提供多种资源形式和渠道,以满足不同用户的学习需求。除了传统的文字、图片和视频等形式,还可以结合虚拟实验、互动游戏等创新方式,增加学习的趣味性和参与性。此外,资源分配也应该考虑到多种渠道,如通过手机应用、智能电视、平板电脑等不同终端设备,让用户能够随时随地进行学习。

3.开放分享和合作共享

在线教育平台的资源分配应该注重开放分享和合作共享的理念,促进资源的共享和互动。平台可以鼓励教师和学生之间的交流和合作,通过建立在线学习社区、在线讨论板块等方式,使学生能够相互借鉴和学习。同时,平台还可以与其他教育机构、企业合作,共享优质教育资源,丰富学习内容。

4.精细管理和不断优化

在线教育平台需要对资源分配进行精细管理和不断优化。通过对学生反馈的收集和分析,可以了解学生对资源的评价和需求,从而及时对资源进行调整和更新。此外,平台还应该关注资源使用情况的监测,了解资源的流量、使用频次等指标,为后续的资源分配提供数据支持。

(二)在线教育模式的实践与探索

在数字经济时代,在线教育模式的实践和探索成为教育领域的重要议题。下面将通过案例研究和经验总结,深入探讨在线教育模式在实践中的表现和发展趋势。

以中国知名的在线教育平台为例,如学堂在线、MOOC中国等。这些平台通过建立开放的教育资源共享平台,为学生和教师提供了一个自主学习和教学的环境。在线教育平台的优势在于平台化的运营模式,通过整合全球优质教育资源,为学生提供了更灵活、多样化的学习途径。同时,通过迭代更新的课程内容和在线交流社区的建设,在线教育平台能够更好地满足学生个性化学习的需求。

随着技术的不断进步和普及,移动互联网的快速发展为在线教育模式的实践提供了更多可能性。例如,移动学习应用程序的兴起,让学生可以随时随地获取知识,并进行互动学习。这种灵活性不仅使学习变得更加自主和便利,还为在线教育平台的发展带来了新的挑战和机遇。此外,人工智能技术的应用也在在线教育模式的实践中发挥了重要作用,通过智能化的学习推荐和个性化教学辅助,提升了学习效果和教学质量。

我们也需要关注在线教育模式对教育资源分配的影响。在线教育的兴起为教育资源的公平分配带来了新的机遇。通过在线教育平台,学生可以获得来自全球顶尖教育机构的优质课程,无论地理位置和学历背景如何。同时,对于教师而言,他们可以将自己的教学方法和经验与更多学生分享,实现教育资源的共享和流动。然而,我们也要正视在线教育资源分配中的挑战和不平等问题,如数字鸿沟和资源差异等。

第四节　远程医疗模式

一、数字经济与远程医疗的商业模式

(一)数字经济的定义与特点

数字经济,顾名思义,是在数字技术的支持下进行商业活动的经济形态。它依赖于信息技术和互联网,通过数字化的方式整合和加工各类数据,以满足市场需求并创造价值。与传统经济模式相比,数字经济具有以下几个显著特点。

数字经济具有高度的数字化程度。在这种经济模式下,信息、数据以及相关的数字技术成为核心要素。企业和个人利用信息技术和互联网进行各类商业活动,从而实现更高效的运营和更广泛的市场覆盖。

数字经济具有较低的交易成本。传统经济模式下,跨地域、跨行业的交易需要面临着烦琐的流程、高额的成本以及时间上的限制。而在数字经济中,通过信息技术和互联网的支持,交易的过程变得更加简洁高效,不仅减少了人力资源的浪费,还降低了交易成本。

数字经济还具有较强的创新性和灵活性。在传统经济模式下,企业的创新往往需要面对许多限制和困难,而在数字经济中,企业可以更加迅速地推出新产品和服务,不受时间和空间的限制,从而更好地满足市场需求。

在数字经济的发展背景下,远程医疗作为一种新兴的商业模式得到了广泛的关注。数字技术的发展,特别是互联网的普及,为远程医疗提供了良好的发展平台。远程医疗是一种基于信息技术和互联网的医疗模式,通过远程通信、远程诊断和远程监护等手段,将医疗服务延伸到患者所在的地方,实现了医疗资源的跨时空分配。

远程医疗模式的要素包括远程医疗技术、远程医疗设备和远程医疗网络。远程医疗技术是基于信息技术和互联网的技术手段,包括远程影像传输、远程监护、远程会诊等。远程医疗设备是实现远程医疗服务的硬件设备,如远程心电监护仪、远程超声设备等。远程医疗网络则是连接患者和医生的通信网络,确保医疗信息的安全和传输的及时性。

数字经济时代的远程医疗模式在医疗资源分配中具有重要的意义。传统医疗模式下,医疗资源往往分布不均,城市地区的医疗资源相对丰富,农村和偏远地区则医疗资源短缺。远程医疗模式通过数字技术的应用,可以将专业医生的知识和技术延伸到农村和偏远地区,为这些地区的患者提供更便捷的医疗服务,有力地解决了医疗资源分配不均的问题。

(二)远程医疗的商业模式理论

远程医疗作为数字经济领域的重要应用之一,在商业模式方面呈现出独有的特点和理论基础。远程医疗商业模式主要通过信息技术和通信技术的支持,将传统医疗服务与数字化、网络化的方式相结合,实现医疗资源的集中管理和优化配置。在远程医疗的商业模式理论中,主要包括三个要素:服务创新、价值创造和收益模式。

服务创新是远程医疗商业模式的核心要素之一。通过远程医疗技术的应用,传统医疗服务的边界被打破,患者与医生之间的距离被消除,大大拓展了医疗服务的范围和覆盖面。远程医疗不仅可以实现常规的诊断、咨询和治疗等服务,还可以通过远程手术、远程监测等创新方式提供更加高效和便捷的医疗服务体验。

远程医疗的商业模式也需要关注价值创造。数字技术的应用使医疗服务的生命周期被延伸,患者可以在不同的时间和地点获取医疗服务,医生可以更好地管理和跟踪患者的健康状态。这种灵活的医疗服务形式不仅提高了医疗资源的利用效率,还为患者提供了更加个性化和便捷的医疗体验,进一步提升了医疗服务的价值。

远程医疗的商业模式需要构建可持续的收益模式。在远程医疗模式中,医疗机构可以通过提供远程诊疗、远程咨询等收费服务,实现经济效益的同时,也为患者提供了有效的医疗服务。此外,通过与医疗设备和药品供应商的合作,远程医疗机构可以获取额外的收入来源,进一步促进商业模式的可持续发展。

(三)远程医疗模式的定义

远程医疗模式是指利用先进的信息通信技术,通过远程传输医疗数据和专业知识,实现医疗服务的分布式提供。它以跨越地域限制、随时随地提供医疗服务为特点,有效地消除了时空的限制,应对医疗资源不均衡的问题。远程医疗模式的核心理念是通过数字技术将医生和患者连接起来,实现远程医疗的全方位的服务。

远程医疗模式的基础是先进的远程医疗技术。这些技术包括远程医疗设备、远程医疗应用软件等。远程医疗设备如远程心电监护仪、远程血糖监测仪等可以实时采集患者的健康数据,并通过网络传输到医生端。远程医疗应用软件则提供了在线问诊、远程会诊等功能,方便医生进行远程诊断和治疗。

远程医疗模式的实施涉及多方合作和信息共享。医疗服务提供商、技术提供商、患者和保险公司等各方需要共同合作,共享信息和资源。例如,医生需要及时获取患者的病历和检查结果,保险公司需要了解患者的医疗费用等。通过信息共享,可以更好地协调各方的利益和资源,提供高效的远程医疗服务。

远程医疗模式的应用范围广泛。除了常见的远程诊断和在线问诊,远程医疗模式还可以用于远程手术指导、远程康复等领域。通过远程医疗模式,医疗服务可以深入到偏远地区和医疗资源不足的地方,让患者能够享受到高质量的医疗服务。

远程医疗模式对医疗资源分配产生了积极的影响。传统的医疗模式存在医疗资源分布不均衡的问题,导致一些地区医疗资源过剩,而另一些地区医疗资源严重不足。远程医疗模式跨越地域限制,将专家医生引入到医疗资源不足的地方,提升了医疗服务的平等性和公平性,让更多的人受益。

二、远程医疗技术的要素

(一)远程医疗技术的基础设施

在数字经济时代,远程医疗作为一种创新的商业模式,在医疗领域广泛应用。其基础设施是实现远程医疗的核心要素之一。远程医疗技术的基础设施包括网络通信、信息技术和医疗设备等方面。

1.网络通信

远程医疗需要医疗机构和患者之间进行实时的数据传输和通信,以实现远程医疗服务的提供。因此,稳定、安全、高速的网络通信是远程医疗技术的基础。现如今,随着 5G 技术的发展,网络通信的速度和可靠性将得到极大的提升,进一步推动了远程医疗技术的发展。

2.信息技术

信息技术的应用使医疗信息可以随时随地地进行传输、存储和共享。例如,电子病历系统的建立,使医生可以通过网络随时查看和更新病人的病历信息,有助于提高医疗决策的准确性和效率。远程医疗技术还需要依托于安全可靠的数据存储和处理技术,以保护病人的隐私和医疗数据的安全。

3.医疗设备

远程医疗模式需要依靠先进的医疗设备,如远程诊断设备、远程手术设备等,来实现医疗服务的远程化。这些设备的发展不仅需要具备高效的功能和性能,还需要具备远程传输和通信的能力,以满足远程医疗服务的需求。

(二)远程医疗技术的关键技术

在远程医疗模式中,关键技术是支撑起整个系统的基石。这些技术涵盖了多个方面,包括通信技术、网络技术、医学设备技术等。

通信技术在远程医疗中扮演着至关重要的角色。远程医疗需要医生和患者之间实现即时的远程沟通和协作。因此,高效可靠的通信技术是必不可少的。无线通信技术,如5G等的发展极大地提升了远程医疗的实时性和稳定性,使得医疗信息的传输更加迅速和安全。

网络技术也是远程医疗关键技术的一部分。构建一个稳定、高速、安全的网络环境对于远程医疗的顺利进行至关重要。通过建立专用的医疗网络或者利用互联网,医生和患者可以更好地实现信息的传递和共享。网络安全技术也必须保障医疗信息的隐私和安全。

在远程医疗中,医学设备技术的发展也为远程医疗提供了强有力的支持。传感器技术、影像技术、医疗器械等方面的创新,使得医生可以远程监测患者的生理指标,进行远程诊断。例如,心电图传感器、血糖仪等现代医疗设备的应用,极大地方便了医生对患者的远程检测和监测。

除了上述的技术要素,远程医疗模式还涉及数据传输、数据存储、数据分析等方面的技术。这些技术的应用可以帮助医生实现对大量医学数据的快速处理和分析,提高对患者的诊断和治疗效果。

(三)远程医疗技术的应用实例

远程医疗技术作为数字经济中的重要组成部分,已经在各个领域得到了广泛的应用。以下将介绍几个远程医疗技术的应用实例。

1.远程会诊

通过远程会诊技术,医疗专家可以远程为患者提供专业的诊断和治疗建议。患者无须亲自前往医院,只需通过视频通话或在线平台与医生进行沟通和交流。这种方式可以节省时间和交通成本,同时能够充分利用医疗资源,提高诊断和治疗效果。

2.远程监护

通过搭载传感器的设备和互联网连接,医生可以远程监测患者的生理参数和病情变化。例如,患有慢性疾病的患者可以佩戴智能手环,在家中定期测量血压、心率等指标,并将数据传输至医生端。医生可以及时监测患者的病情变化,一旦发现异常情况,可以及时采取措施,防止病情恶化。

3.远程手术

利用高速互联网和先进的机器人技术,医生可以在不同地理位置远程操作手术机器人,对患者进行手术。这种方式可以极大地提高手术的精确性和安全性,同时可以克服地理距离的限制,使得患者能够接受更好的治疗服务。虽然远程手术技术目前还处于发展初期,但其潜力巨大,将对医疗领域产生深远影响。

三、远程医疗模式的应用

(一)远程医疗模式的应用场景

远程医疗模式在普通疾病的诊疗过程中有着重要的应用。例如,患者可以通过视频通话与医生进行远程沟通,并通过医生的指导进行疾病诊断和治疗。这种应用场景不仅方便了患者,减少了患者在就医过程中的时间和精力的消耗,同时还降低了医院的资源压力。

远程医疗模式在急救和抢救过程中也发挥着重要的作用。在一些偏远地区或者突发事件发生的场所,医疗资源有限,无法及时进行救治。远程医疗模式的应用可以通过远程医疗设备和专业医生的指导,为急救过程提供可靠的支持和指引。通过远程医疗模式的使用,急救人员可以及时了解病情,采取正确的急救措施进行抢救,从而提高急救成功率。

远程医疗模式在健康管理和慢性病管理方面也得到了广泛的应用。通过远程医疗技术,医生可以实时监测患者的健康状况,并进行远程咨询和指导。患者可以在家中通过远程医疗设备进行生理指标的监测,并将数据传输给医生,医生可以根据数据分析患者的状况,及时调整治疗方案或药物剂量,提高患者的治疗效果。

远程医疗模式在医疗教育和学术交流方面也有广泛的应用。通过远程医疗技术,医学院校可以进行跨地区的医学教育和培训,学生可以通过远程课堂获得专业知识和技能。医生之间还可以通过远程会诊和学术交流分享经验和研究成果,推动医学科研的进展和发展。

(二)远程医疗模式的应用效果

远程医疗模式作为数字经济的一种商业模式,已经在实际应用中展现出了广泛的应用效果。远程医疗模式的应用使患者可以在家中享受到优质的医疗服务。通过远程医疗技术,医生可以通过远程视频通话与患者进行医学诊断和指导,将医生的专业知识和治疗方案快速传达给患者,从而解决了患者由于身体不便无法就医的问题。这种便捷的医疗方式不仅减少了患者的交通和时间成本,还进一步提高了医疗资源的利用效率。

远程医疗模式的应用极大地改善了偏远地区的医疗条件。在一些偏远地区,医疗资源匮乏,存在着医生数量不足、设备落后等问题。然而,通过远程医疗模式,可以将优秀的医疗资源和专家团队直接传送到这些偏远地区,为患者提供高品质的医疗服务。通过远程医疗技术,医生可以远程观察和诊断病情,甚至进行远程手术。这种远程医疗模式的应用使偏远地区的患者获得了更好的医疗服务,有效缩小了城乡医疗差距。

远程医疗模式还提高了医疗质量和医疗安全。通过远程医疗技术,医生可以远程监测患者的生命体征、病情变化等信息,及时判断病情,提供有效的治疗方案。同时,远程医疗技术还可以实现病历和医疗数据的实时共享和保存,避免了传统医疗方式中病历丢失、信息不对称等问题。这样,患者的治疗过程更为流畅和高效,同时医生也能够更好地跟踪和管理患者的病情。远程医疗模式的应用为医疗质量的提升和医疗安全的保障做出了积极贡献。

(三)远程医疗模式的优势与局限性

远程医疗模式作为数字经济中的一种商业模式,具有许多独特的优势。

远程医疗模式的最大优势在于打破了时间和空间上的限制。患者可以通过远程医疗平台随时随地进行医疗咨询和诊疗,无须亲自到医院或诊所取得面对面的医疗服务。这对于那些身处偏远地区或行动不便的患者来说,尤其是重症患者,极大地方便了他们的医疗需求。

远程医疗模式还能够解决医疗资源分配不均的问题。通过远程医疗技术,医生和专家可以远程提供医疗服务,不再局限于特定的地域范围。这样,优质医疗资源可以更加公平地分配到各个地区,使患者能够享受到更好的医疗服务,减轻了一些地区医疗资源过度集中的问题。

远程医疗模式还能够提高医疗服务的效率和质量。通过远程医疗技术,医生可以更便捷地获取患者的病历和检查报告,从而更好地了解患者的疾病情况,提供更准确的诊断和个性化的治疗方案。同时,远程医疗平台还可以进行医学知识和经验的共享,医生可以互相学习借鉴,提高自身的医疗技术水平,从而提高整体医疗服务的质量。

然而远程医疗模式也存在一些局限性,技术方面的限制是其中之一。尽管远程医疗技术不断发展和进步,但仍然有一些地区的网络和设备基础设施相对薄弱,无法支持远程医疗的正常运行。在这些地区,患者仍然无法享受到远程医疗带来的便利和优势。

隐私和安全问题也是远程医疗模式面临的挑战之一。远程医疗涉及患者的个人隐私和医疗信息的保护,如果信息泄露或被黑客攻击,将对患者的权益和医疗安全造成严重影响。因此,确保远程医疗平台的安全性和隐私保护成为必要的措施之一。

四、远程医疗模式对医疗资源分配的影响

(一)远程医疗模式对医疗资源地域分布的影响

远程医疗模式利用数字技术和通信网络,将医疗服务延伸至远距离地区,弥补了医疗资源不平衡的问题,使得偏远地区的居民也能享受到高质量的医疗服务。

远程医疗模式打破了地域限制,将医疗服务推广到偏远地区。传统医疗模式由于地理距离和交通等因素的限制,导致偏远地区的居民往往无法及时获得有效的医疗服务。而远程医疗模式通过利用现代的通信技术,可以通过远程会诊、远程影像诊断等方式,将专家的医疗经验延伸至偏远地区,实现医疗资源的跨越式分布。

远程医疗模式能够加强医疗资源的合理配置。传统医疗模式下,医疗资源往往过于集中于大城市,导致资源的过度分配和利用不均衡。而通过远程医疗模式,可以实现医疗资源的优化配置和整合。专家团队可以通过远程协作的方式,充分发挥各地医疗资源的优势,实现资源的共享和互助,从而更好地满足不同地区患者的医疗需求。

远程医疗模式可以提高健康资源的利用效率。健康资源是宝贵的社会资源,其合理利用对于提高整体医疗效益至关重要。远程医疗模式通过数字技术的应用,实现了医疗信息的快速传输和共享,提高了医疗决策的准确性和效率。患者在远程医疗模式下,可以通过视频会诊、在线咨询等方式,获得更及时、准确的医疗建议和治疗方案,避免了不必要的就医和等待时间。

(二)远程医疗模式对医疗资源利用效率的影响

远程医疗模式的出现极大地提高了医疗资源的利用效率。远程医疗模式能够突破地域限制,实现异地医生和患者之间的交流与医疗服务。通过远程医疗技术,医生可以通过互联网等平台远程诊断、开出处方,而患者也能够通过远程咨询和视频通话等方式获得及时的诊疗服务。这样一来,无论是城市地区还是偏远农村,都能够享受到同等水平的医疗服务,有效减轻了医疗资源在地域上的不平衡分布问题。

远程医疗模式能够提高医疗资源的利用效率。传统的医疗模式中,患者需要亲自前往医疗机构,在医生的指导下进行诊断和治疗,这种方式存在时间和空间上的限制,使得医疗资源的利用效率较低。远程医疗模式则能够节省患者的时间和精力,无论在家中还是工作地点,都能够通过互联网等渠道与医生进行线上交流。这样就能够最大限度地减少患者的等待时间,提高医疗资源的使用效率。

远程医疗模式的智能化和信息化特点也对医疗资源的利用效率产生了积极影响。随着人工智能、大数据、云计算等技术的应用,医疗信息的收集、分析和共享变得更加便捷、高效。医疗机构可以利用这些技术进行医疗资源的合理分配和优化排班,以确保每一位医生和设备的最大利用率。将患者的病历资料、检查结果等信息进行数字化管理,能够方便医生之间的知识共享和协作。这样不仅提高了医疗资源的利用效率,还提升了医疗服务的质量和安全性。

(三)远程医疗模式对医疗服务质量的影响

远程医疗模式作为数字经济中的一种创新方式,在医疗服务质量方面也产生了显著的影响。远程医疗模式提供了更加便捷和高效的医疗服务,为患者提供了更好的医疗体验。通过远程医疗平台,患者无须长途跋涉前往医院就诊,可以通过在线咨询、远程诊断等方式获得专业的医疗建议和诊疗方案。这种便捷性不仅减少了患者的等候时间,还节省了他们的交通费用和时间成本。

远程医疗模式提高了医疗资源的利用效率,进一步促进了医疗服务质量的提升。通过远程医疗技术,医生可以远程监测患者的生命体征、传输影像数据、进行远程手术等,实现了医生与患者之间的实时沟通和远程诊断治疗。这种方式不仅节省了医生的时间和精力,还可以让患者及时获得专业和准确的医疗服务,提高了医疗资源的利用效率。

远程医疗模式通过提供在线医疗培训、知识共享等方式，促进了医疗服务质量的提升。医生可以通过远程医疗平台参与专业讲座、学术研讨等活动，了解最新的医疗技术和知识，提高自身的专业水平。这种方式不仅促进了医生之间的交流与合作，还提高了医疗服务的标准化和规范化，进一步提升了医疗服务质量。

虽然远程医疗模式在提高医疗服务质量方面具有许多优势，但也面临一些挑战。远程医疗模式涉及技术和网络的限制，需要保证医疗设备的稳定性和网络的畅通性才能保证医疗服务的质量和安全性。远程医疗模式涉及医生与患者之间的互动和沟通，需要建立良好的信任关系和沟通渠道，才能保证医疗服务的效果和质量。

第三章　国际贸易的创新发展模式

第一节　跨境电商模式

一、跨境电商模式的基本概念

(一)跨境电商的定义与特点

跨境电商是指利用互联网技术和电子商务平台,进行跨国界交易与合作的商业模式。在这种模式下,商家通过在线平台,向海外客户销售商品或提供服务。跨境电商与传统贸易相比,具有跨越国界、无时间和空间限制、碎片化市场、低成本等特点,成为全球商业领域的重要创新。

跨境电商注重消费者体验和个性化服务。通过互联网的便捷性,消费者可以更加灵活地选择商品,随时随地进行购物。跨境电商平台提供了个性化的推荐和定制化的服务,帮助消费者更好地满足个人需求。

跨境电商打破了传统贸易的地域限制。传统贸易往往受限于地理位置和物流条件,而跨境电商通过线上交易,不再受限于地域。商家可以通过海外仓库或物流合作伙伴,减少商品的运输成本和时间,更快地将商品送达消费者手中。

跨境电商模式的成本较低。相比传统贸易,跨境电商不需要建立实体店面,降低了租金、人工和仓储等成本。跨境电商也能够通过批量采购、资源整合等方式降低商品采购成本,从而提供更具竞争力的价格。

跨境电商对传统贸易产生了积极的影响。传统贸易由于受到物流和信息流的限制,通常需要中间商和第三方服务提供商的参与,增加了交易成本。而跨境电商通过直接连接消费者和生产商,去除了中间环节,简化了交易过程,降低了交易成本。这种模式的出现促进了全球贸易的无缝对接,为各国之间的商业合作提供了全新的可能性。

(二)跨境电商的发展历程

跨境电商作为一种新型的商贸模式,在过去的几十年中得到了长足的发展。

其发展历程可以概括为三个阶段:探索阶段、发展壮大阶段和多元化创新阶段。

在探索阶段,跨境电商并没有得到足够的关注和认可。在20世纪90年代末和21世纪初,随着互联网的快速发展,一些企业开始尝试通过互联网开展跨境交易。由于当时技术和国际贸易的限制,这些尝试往往存在着很多困难和挑战。然而,正是基于这些尝试和探索,跨境电商才有了今天的发展基础。

在发展壮大阶段,跨境电商逐渐受到了更多企业和消费者的关注。随着技术的不断进步和互联网的普及,跨境电商开始出现了一些成功的案例。一些知名电商平台的涌现以及国际物流和支付方式的完善,为跨境电商的发展提供了有力支撑。在这个阶段,跨境电商开始从小众市场扩大到大众市场,不仅为企业带来了更多的商机,还为消费者提供了更丰富的选择。

在多元化创新阶段,跨境电商迎来了更多的创新与变革。随着人工智能、大数据、区块链等技术的应用,跨境电商的运作模式也发生了深刻的变化。以跨境电商平台为核心的生态系统开始形成,并通过新型的商业模式和创新的服务方式,使得跨境电商不断扩大其辐射范围和影响力。此外,一些新兴市场和新兴产业的崛起,也为跨境电商的全球化发展提供了新的机遇。

(三)跨境电商模式的分类

跨境电商作为一种新兴的商业模式,其发展日益成熟和多样化。在实践中,跨境电商模式已经形成了多种分类,并且随着市场的不断发展和技术的不断进步,这些分类也在不断演变和扩展。

基于货物流通的角度,跨境电商模式可以分为 B2C、C2B(Customer to Business)和 C2C 模式。B2C 模式是指企业直接面向个人消费者,将产品或服务通过电子商务平台销售给消费者的模式。C2B 模式则是指消费者以卖家的身份参与到电商平台中,对企业进行商品或服务的购买和交易。C2C 模式则是指消费者之间直接进行交易,通过电商平台以中介的形式实现交易的模式。

跨境电商模式还可以根据产品形态进行分类,如 B2B2C(Business to Business to Customer)、B2B、B2G(Business to Government)等。B2B2C 模式是指企业与企业之间进行合作,通过第三方电商平台将产品或服务推向个人消费者。B2B 模式则是指企业之间直接进行交易,通过跨境电商平台进行商品的采购和销售。B2G 模式则是指企业与政府之间进行合作,通过电商平台满足政府采购的需求。

根据运营主体的不同,跨境电商模式还可以分为自营、平台和代购模式。自营模式是指企业自己负责产品的进口、备货和销售等环节。平台模式则是指电商平台邀请第三方商家入驻,通过平台进行产品的展示和销售。代购模式则是指消费者通过代购服务,由代购者代表其购买海外商品。

按照跨境电商流程的不同,还可以将跨境电商模式分为直邮、保税仓和海外仓模式。直邮模式是指消费者直接从境外电商平台购买商品,并通过邮寄方式进行海外直邮。保税仓模式则是指商品首先进入保税仓库,等待消费者下单后再进行发货。海外仓模式则是指将商品先进口至海外仓库,并在接收到消费者订单后从海外仓库进行发货。

二、跨境电商模式的运作机制与流程

(一)跨境电商模式的运作机制

跨境电商模式的运作机制是指在进行跨境交易时,所采取的具体操作方式和机制。在跨境电商模式下,主要包括以下几个关键环节。

1.供应链管理

在跨境电商模式下,企业需要与供应商建立合作关系,确保商品的及时供应和质量保证。通过与供应商建立长期稳定的合作关系,跨境电商企业能够获得更好的价格和供货保障,从而提供竞争力更强的产品。

2.物流运输

跨境交易涉及国际物流,货物的运输和交付是非常关键的。跨境电商企业需要选择可靠的物流合作伙伴,确保货物能够快速、安全地送达目的地。还需要合理安排运输时间和运输路径,以降低物流成本并提高运输效率。

3.支付结算

跨境交易涉及不同国家的货币和支付体系,支付结算的问题成为跨境电商企业需要重点考虑的内容。跨境电商企业需要选择合适的支付平台或第三方支付机构,使跨境支付能够便捷、安全地完成。同时,还需要与银行进行合作,确保跨境支付的资金流动畅通。

4.海关清关

由于涉及国际贸易,在商品进出口过程中需要进行海关清关手续。跨境电商企业需要了解各个国家的海关政策和要求,确保商品能够合法入境并顺利通关。同时,还需要合理安排清关时间,避免因清关延误而影响交货期和客户满意度。

(二)跨境电商模式的流程

跨境电商模式的流程是指跨境电商企业进行跨境贸易活动时所遵循的一系列操作步骤和交易环节。在这一流程中,常见的步骤包括市场分析、供应链建立、产品策划、海外仓储备、跨境物流和支付结算等。

在跨境电商模式的流程中,市场分析是至关重要的一步。企业需要深入了解目标市场的消费者需求、竞争对手情况以及法律法规要求等因素。通过市场分析,企业可以合理制定产品定位策略和推广策略,以满足消费者需求并获得竞争优势。

在供应链建立阶段,跨境电商企业需要与供应商建立稳定的合作关系。这包括寻找可靠的供应商,进行货源采购和供应商审核等工作。供应链的建立对于保证商品质量和供货的稳定性具有重要意义。

产品策划是跨境电商模式流程中的一个关键环节。企业需要针对目标市场进行产品策划和定价,确保产品适应市场需求。此外,企业还需要对产品进行品牌包装和市场推广,以提升品牌知名度和市场竞争力。

海外仓储备是实施跨境电商模式的重要环节之一。企业需要在国外建立仓储基地,将产品储存并进行分拣、打包等操作,以满足海外消费者的需求。海外仓储备的建立可以提高交付速度和降低运输成本,提升客户满意度。

跨境物流是跨境电商模式流程中不可忽视的一环。企业需要选择合适的物流合作伙伴,确保商品能够准时、安全地送达目的地。这涉及运输方式的选择、海关报关手续的办理以及解决可能出现的物流问题等。

支付结算是跨境电商模式流程的收尾阶段。通过与国外支付机构的合作,企业可以确保支付安全和交易的顺利进行。同时,企业还需要关注国际汇率波动对结算币种的影响,并进行相应的风险管理。

(三)跨境电商模式的交易环节

在跨境电商模式的交易环节中,主要涉及商品交付、支付结算以及售后服务等关键环节。商品交付是跨境电商模式中至关重要的一环。由于涉及不同国家和地区之间的贸易,物流方面的安排需要更加严谨和灵活。通常情况下,跨境电商商家会选择与国际物流公司合作,以确保商品能够快速、安全地送达消费者手中。

支付结算也是跨境电商模式中不可或缺的环节。由于涉及不同货币系统和支付方式的差异,跨境电商商家需要提供多种支付选择,以便消费者能够方便地完成交易。一些常见的支付方式包括信用卡、电子支付以及第三方支付平台等。此外,为了保障交易的安全性,跨境电商商家还需要采取相应的风控措施,以防止欺诈和非法交易的发生。

跨境电商模式的交易环节还需要注重售后服务的提供。由于跨境电商涉及国际间的贸易,消费者可能面临跨国退换货等问题。因此,跨境电商商家需要建立完善的售后服务体系,及时处理消费者的投诉和退换货申请。同时,为了提高消费者的满意度,跨境电商商家还可以通过增加售后服务的便利性和质量,来提升消费者的购物体验。

三、跨境电商模式的优势

(一)跨境电商模式的经济优势

跨境电商模式具有许多独特的经济优势,使其成为企业和消费者越来越受欢迎的选择。跨境电商模式打破了传统贸易模式的地理限制,使企业能够无缝地进入全球市场。通过互联网的便利性,企业可以将产品和服务推向全球,无论是跨越国境还是跨越大洋,都能够便捷地进行贸易。这大大缩小了企业在市场开拓方面的限制,提供了更广阔的销售机会。

跨境电商模式降低了贸易环节中的成本,从而提高了企业的盈利能力。相比传统贸易模式,跨境电商减少了中间商、代理商等环节,有效降低了运营成本。此外,跨境电商还降低了进出口的物流成本,如节省了仓储和运输成本。这不仅使企业能够以更具竞争力的价格提供商品和服务,还让消费者受益,能够以更低的价格购买到来自世界各地的商品。

跨境电商模式还能够创造新的商业机会,为小型和中小型企业提供了更广阔的发展前景。传统贸易模式通常对中小型企业造成了市场准入的难题,而跨境电商通过互联网的全球覆盖性,为这些企业打开了新的市场,让它们获得更多的机会。跨境电商模式还鼓励了创新和创业精神,激发了更多人才的创造力和创新能力。

跨境电商模式促进了国际贸易的发展,增强了国际间的经济联系与合作。通过跨境电商,不仅可以促进本国商品的出口,还能够引进外国优质商品,满足本国消费者的需求。这种双向贸易促进了各国之间的经济交流,增进了彼此的了解和友好关系,为全球经济的繁荣做出了贡献。

(二)跨境电商模式的技术优势

在跨境电商模式中,技术优势是一个不可忽视的重要因素。随着信息技术的不断发展和应用,跨境电商平台获得了许多技术上的优势,从而能够更好地满足消费者的需求,并为企业创造更多商业机会。

跨境电商平台通过互联网和数字化技术,消除了时间和空间的限制。传统贸易中,跨境交易面临着时间和地理上的限制,导致效率低下和交易成本高昂。而在跨境电商模式下,消费者可以随时随地进行购物,企业也可以将产品迅速送达给消费者。这大大提高了交易效率,降低了物流成本。

跨境电商平台利用大数据和人工智能等技术,可以对消费者进行精细化的个性化推荐和定制化服务。通过分析消费者的购买行为和偏好,平台可以为消费者提供更加精准的商品推荐,满足他们的个性化需求。同时,企业也可以通过数据分析,针对不同市场和消费群体制定专门的营销策略,提高销量和市场占有率。

跨境电商平台的支付和结算系统更加便捷和安全。传统贸易中,不同国家之间的支付和结算往往存在诸多难题,如支付手续烦琐、支付风险大等。而在跨境电商模式下,平台提供了多种支付方式和安全的支付系统,可以方便快捷地完成跨境交易,并且能够确保交易的安全性和可信度。

跨境电商平台的技术优势也体现在物流和供应链管理上。通过利用信息技术和物流网络,跨境电商平台能够实现全程可跟踪,有效管理物流运输过程,提高物流效率和准确性。同时,平台还通过供应链金融服务等创新机制,为企业提供更便捷的资金融通和风险管理,促进了国际贸易的发展。

(三)跨境电商模式的管理优势

在跨境电商模式中,有效的管理机制是取得成功的关键之一。跨境电商模式的管理优势主要表现在以下四个方面。

1. 注重信息化和数字化管理

传统贸易模式需要大量的人工操作和文件处理,其管理效率较低。而跨境电商模式通过信息技术的应用,实现了整个流程的数字化和自动化管理。例如,通过建立电子商务平台,跨境电商企业可以实时监控订单、库存和物流信息,提高管理的准确性和及时性。通过数据分析和挖掘,跨境电商企业能够快速了解市场需求和消费者行为,为管理决策提供科学依据。

2. 强调合作伙伴关系的建立与管理

跨境电商企业通常需要与供应商、物流公司、支付机构等多个合作伙伴进行合作。有效的合作伙伴关系管理能够确保供应链的稳定和流程的畅通。跨境电商企业通过建立长期稳定的合作关系,共享资源和信息,提高供应链的效率和灵活性。跨境电商企业还需要加强对合作伙伴的监督和评估,以确保可靠性和质量的提升。

3. 注重风险管理和合规管理

跨境电商模式的运作面临着诸多风险和挑战,如货币风险、法律法规风险、消费者投诉等。跨境电商企业需要建立风险管理体系,制定相应的风险防控策略,以降低经营风险。跨境电商企业还需要遵守各国的法律法规,加强合规管理,确保经营活动的合法性和可持续发展。

4. 注重创新和持续改进

由于跨境电商模式处于不断变化和发展之中,企业需要具备创新能力和改进能力,以适应市场的需求变化和技术的进步。跨境电商企业通过不断创新,可以实现业务模式的优化和变革,提高竞争力和市场份额。同时,持续的改进可以帮助企业不断优化管理流程,降低成本,提高效率。

(四)跨境电商模式的市场优势

跨境电商模式在市场方面具有诸多优势,这也是其在全球范围内快速发展的重要原因之一。

跨境电商模式能够突破传统贸易的地域限制,打破国界壁垒。通过电子商务平台,消费者可以直接在全球范围内购买各种商品,而不再受地理位置的限制。

无论是在发达国家还是发展中国家,跨境电商模式都为消费者提供了更广阔的购物选择。

跨境电商模式降低了交易成本。传统实体店铺往往需要支付高昂的租金和人员工资等费用,而跨境电商模式则可以通过在线交易、自动化流程等方式大大降低交易成本。这使得跨境电商企业能够提供更有竞争力的价格,吸引更多消费者的关注和购买。

跨境电商模式为企业提供了广阔的市场空间。通过电子商务平台,企业可以轻松地将产品推广到全球市场,吸引来自各个国家和地区的消费者。相比传统的实体店铺,跨境电商模式具有更大的市场容量和潜在消费群体。这为企业的发展提供了广阔的空间和机会。

跨境电商模式促进了国际贸易的便利化和提质增效。通过数字化技术和在线支付系统,跨境电商模式加速了商品、资金、信息等要素的流通,提高了国际贸易的效率和可靠性。同时,跨境电商模式还可以通过大数据分析、物流优化等手段提高供应链管理的效率和可持续发展能力,推动国际贸易向更加智能化和高效化的方向迈进。

四、跨境电商模式对传统贸易的影响

(一)对传统贸易的促进作用

通过跨境电商模式,传统贸易所面临的一些瓶颈和难题得以缓解或解决,为传统贸易的发展提供了新的动力和机遇。

跨境电商模式消除了时空限制,打破了传统贸易的地域和时间的限制。传统贸易往往需要通过海运、空运等物流手段进行货物运输,这需要较长的时间和较高的成本。而跨境电商模式通过网络平台,实现了商品的在线展示、交易以及物流配送的一体化,使商品的交付更加迅速、便捷。无论是国际贸易还是国内贸易,都能够通过跨境电商模式进行灵活有效的合作,大大缩短了传统贸易链条。

跨境电商模式提供了更加广阔的市场和更多的销售渠道。在传统贸易中,通过实体店面或者代理商进行销售,存在着市场信息不对称和销售渠道有限的问题。而跨境电商模式通过网络平台,不受地域限制,可以将商品推广到全球范围内的消费者。同时,跨境电商模式也为中小企业提供了更加低门槛、低成本的进入国际市场的机会,促进了市场的竞争和多元化。

跨境电商模式降低了贸易成本和交易风险。传统贸易中,涉及多方的协调、货物运输和清关手续等环节,往往需要付出较高的成本和承担一定的风险。而跨境电商模式通过在线销售和物流配送的集成,降低了贸易的中间环节成本,并且提供了更为安全和可追溯的交易方式。同时,跨境电商平台也为商品的信用评级、争议解决等提供了一套完善的机制,为交易双方提供了更高的交易保障。

(二)对传统贸易的挑战

跨境电商模式的快速发展给传统贸易带来了一系列的挑战。跨境电商的出现打破了传统贸易的地域限制,消除了时间和空间上的障碍。传统贸易往往需要经过复杂的进出口手续和物流环节,而跨境电商通过互联网的高效连接,将全球范围内的商家和消费者紧密联系在一起,使商品交易更加便捷、快速。这种变革使传统贸易渠道面临着巨大的竞争压力,传统贸易商需要找到新的发展方向和策略。

跨境电商模式的兴起改变了消费者的购物习惯和消费方式,对传统贸易带来了新的挑战。传统贸易往往需要消费者亲自前往实体商店进行购物,而跨境电商使全球范围内的商品都可以通过网络进行购买。消费者可以在家中轻松浏览并购买各种商品,不再受限于时间和地点。这种方便快捷的购物方式吸引了越来越多的消费者选择跨境电商,而传统实体商店面临着销售额下滑的风险。

跨境电商模式还为消费者提供了更多种类和更丰富的商品选择。传统贸易往往受到供应链的限制,商品种类和数量有限。而跨境电商通过全球范围内的供应链网络,使消费者可以轻松访问到来自不同国家和地区的商品。消费者不再受限于本地市场的选择,足不出户就可以购买到来自世界各地的特色商品。这种多样化的商品选择对传统贸易带来了竞争压力,传统商家需要不断调整经营策略和拓展供应链,以适应消费者的新需求。

(三)对传统贸易的改造和创新

跨境电商模式的兴起对传统贸易产生了深远的影响,促使传统贸易进行了一系列的改造和创新。下面将从多个方面探讨跨境电商模式对传统贸易的改造和创新作用。

跨境电商模式打破了传统贸易的地域限制,扩大了贸易的范围和规模。传统贸易通常受制于地理位置和物流成本,而跨境电商通过互联网的便利性,使买卖双方可以跨越国界进行商业交易。这种模式的出现,让各国之间的贸易更加顺畅,不再受地域的限制,进一步推动了全球化进程。

　　跨境电商模式提供了更加高效的贸易渠道和运作机制。传统贸易中,商家需要经过多个中间环节,如贸易代理商、经销商等,而跨境电商模式直接连接了商家和消费者,缩短了贸易链条。电子支付、电子合同等技术手段的应用,使跨境贸易更加高效、迅速,降低了交易的成本和风险。

　　跨境电商模式还激发了传统贸易的创新和转型。随着跨境电商的发展,传统贸易企业也开始注重自身的数字化转型和创新能力的提升。传统贸易企业通过建立电子商务平台、优化物流流程、提供个性化定制服务等方式,积极融入跨境电商模式,实现传统贸易向电子商务的转型。

第二节　绿色贸易模式

一、绿色贸易模式的基本概念

(一)绿色贸易模式的定义

　　绿色贸易模式作为一种新型的贸易模式,近年来在国际贸易领域引起了广泛关注。绿色贸易模式是指在商品交易过程中,将环境保护与可持续发展的理念纳入贸易的方方面面,以达到减少环境负担、促进资源节约和能源低碳的目标。绿色贸易模式不仅仅关注贸易本身的效益,更注重经济发展与环境保护的结合,以实现经济增长和生态平衡的双赢局面。

　　在绿色贸易模式中,环境友好型的产品和服务得到优先考虑。这些产品和服务符合环保标准,采用了清洁生产技术、低碳技术或可再生能源。这样的产品和服务不仅能够满足消费者对环境友好的需求,还能够减少资源的消耗和环境的污染。

　　绿色贸易模式的核心理念是可持续发展。在贸易过程中,绿色贸易模式强调的是经济增长与环境保护的协调发展。它不仅注重贸易的经济效益,还注重资源的合理利用和生态环境的保护。通过推动绿色技术的应用和环境管理的改善,绿色贸易模式致力于构建一个可持续发展的未来。

　　与传统的贸易模式相比,绿色贸易模式更加注重生态环境的保护和可持续发展的实现。它不仅仅是一种经济活动方式,更是一种社会责任的表现。通过绿色贸易模式的推动,各个国家和地区可以共同保护地球家园,共享清洁的环境资源,实现全球可持续发展的目标。

(二)绿色贸易模式的类型

绿色贸易模式的类型主要涉及不同的贸易模式和业务模式,旨在实现环境友好、资源可持续利用和社会经济效益的最大化。绿色贸易模式的类型可以从不同的角度进行分类,包括产业链的参与主体、贸易方式和资源利用方式等。

1.产业链的参与主体

从产业链的参与主体来看,绿色贸易模式可以分为供应链模式、再制造模式和循环经济模式等。供应链模式主要是通过优化整个产业链环节,减少能源和资源消耗,降低环境污染。再制造模式则强调对废弃产品进行再加工和再利用,延长产品的使用寿命,减少资源的浪费。循环经济模式则以废弃物为资源,通过回收再利用的方式达到节约资源的目的。

2.贸易方式

从贸易方式的角度来看,绿色贸易模式可以分为绿色出口模式、绿色进口模式和绿色内贸模式等。绿色出口模式主要指的是将环保产品出口到其他国家或地区,以满足国际市场的需求,推动环保技术和产品的国际交流。绿色进口模式则是指国家或地区将绿色产品引进,为本地市场提供环保产品和服务,促进国内环境保护和可持续发展。绿色内贸模式则强调在国内市场推动绿色产品的生产、流通和消费,形成绿色供应链并促进绿色经济的发展。

3.资源利用方式

从资源利用方式的角度来看,绿色贸易模式可以分为资源优化利用模式、清洁能源利用模式和低碳交通模式等。资源优化利用模式主要通过优化资源配置和生产过程,实现资源的高效利用,减少资源的浪费和排放。清洁能源利用模式则强调使用可再生能源或低碳能源替代传统燃料,减少能源消耗和温室气体排放。低碳交通模式则侧重于推动公共交通、共享交通和非机动交通的发展,降低交通运输对环境的影响。

(三)绿色贸易模式的特征

绿色贸易模式的特征是指在实施绿色贸易模式时所具备的一些显著特点和独有的特征。了解和掌握绿色贸易模式的特征,可以帮助我们更好地认识和理解这种模式的本质,并为实施和推广绿色贸易提供重要依据。

1.资源可持续利用

绿色贸易强调的是生态环境的保护和可持续发展。在绿色贸易模式中,要注重对资源的可持续利用。这意味着在进行贸易活动时,要充分考虑资源的保护和利用效率,并采取相应的措施保证资源的可持续利用。

2.创新与环保技术应用

在现代社会,科技的发展对于推动经济发展和环境保护起到了至关重要的作用。因此,在绿色贸易模式中,要注重创新和环保技术的应用。通过引进和应用高效、环保的技术,可以提高贸易活动的效率,减少资源的消耗和环境的污染。

3.透明度与信息共享

绿色贸易的实施需要各方的合作与信任。在这种模式下,要注重透明度与信息共享。通过及时、准确地共享信息,可以提高贸易活动的效率,降低交易成本,增强市场透明度,促进贸易的顺利进行。

4.产业协同与合作发展

在绿色贸易模式下,各个环节与产业之间只有通过形成产业链的良性循环和协同发展,才能够实现绿色贸易的有效运行。因此,在推动绿色贸易模式发展的过程中,需要加强产业协同合作,共同推动绿色贸易模式的落地。

二、绿色贸易模式的关键要素与技术基础

(一)绿色贸易模式的关键要素

绿色贸易模式是指在国际贸易中,以绿色、可持续发展为导向的贸易方式和模式。绿色贸易模式的实施需要依赖于一系列关键要素,这些要素相互关联,相

互作用,共同构建了绿色贸易模式的体系。

绿色贸易模式的基础是绿色标准和认证体系。绿色标准是指产品、生产过程和供应链中涉及环境和可持续发展的要求和规范。这些标准可以是由国际组织、政府或行业协会制定的,也可以是企业自行制定的。绿色标准的存在和实施,可以确保贸易中的产品和服务符合环境保护和可持续发展的要求,为消费者提供可信赖的绿色产品选择。

绿色贸易模式的实施需要健全的监管和政策支持。政府在绿色贸易方面的政策和法规,可以引导和规范企业与消费者的行为,推动绿色贸易的发展。监管机构和认证机构的设立和运作,可以对绿色标准的实施进行监督和评估,确保绿色贸易的可信度和可持续性。

绿色贸易模式需要在供应链中实现环境可持续性。供应链中的各个环节都应当符合绿色标准,从原材料的采集、生产过程的管理、产品的包装和运输等各个环节,都应当减少对环境的影响,降低能耗和资源耗用,减少废弃物的产生和排放。

此外,技术创新和科学研究也是绿色贸易模式的关键要素之一。通过科技创新和研发,可以开发出更加环保、高效的生产技术和清洁能源。技术创新可以推动绿色贸易的发展,为绿色产品和服务提供更好的解决方案。

在绿色贸易模式的关键要素中,还需要强调企业和消费者的积极参与。企业应当承担社会责任,积极采用绿色技术和绿色管理模式,推动绿色贸易的发展。消费者也应当增强环保意识,选择和支持绿色产品和服务,为绿色贸易提供市场需求。

(二)绿色贸易模式的技术支持

绿色贸易模式的实施离不开先进的技术支持。在绿色贸易领域,技术的应用对于实现可持续发展目标起着重要的作用。绿色贸易模式的技术支持主要体现在以下几个方面。

绿色贸易模式需要先进的环保技术来减少资源消耗和环境污染。例如,通过清洁能源技术的应用,可以减少对化石燃料的依赖,降低能源的消耗和排放的二氧化碳等温室气体。绿色贸易模式也需要采用先进的废物处理技术,将废物转化为可再生资源,实现废物的循环利用,减少对自然资源的需求。

绿色贸易模式还需要先进的信息技术支持来提升贸易的效率和透明度。随着互联网和大数据技术的发展,绿色贸易可以实现更高效的物流管理和供应链管理。通过信息技术的应用,企业可以实现对原材料、产品和环境数据的实时监测和追溯,确保贸易过程中的环境安全和社会责任的合规性。

绿色贸易模式还需要先进的科学技术来支持绿色产品的研发和生产。绿色产品要求不仅要满足市场需求,同时还要具备环保性能和可持续发展的特征。科学技术的应用可以推动绿色创新,提高产品的环境友好性。例如,通过生物技术的发展,可以研发生物降解材料,替代传统的塑料制品,减少塑料污染的问题。

绿色贸易模式的技术支持还需依靠各国间的合作和技术共享。在全球化的背景下,各国之间可以共同推动绿色技术的研发和应用,加快绿色贸易模式的推广。国际组织和跨国企业可以通过技术转让和合作项目,促进技术的跨国传播和全球资源的共享,为绿色贸易模式的实施提供更广阔的空间。

(三)绿色贸易模式的技术演进

绿色贸易模式的技术演进是推动绿色贸易实现可持续发展的重要因素之一。随着科技的不断进步和创新,绿色贸易模式的技术基础不断得到加强和完善,为绿色贸易的发展提供了坚实的支撑。

绿色贸易的技术演进在信息技术的驱动下取得了重要进展。通过互联网和大数据技术的应用,绿色贸易信息的获取和传递变得更加便捷和高效。企业可以通过互联网平台查询和分享绿色贸易相关的信息,包括供应链的透明度、产品的环境性能评估、绿色认证等。这样,消费者可以更加准确地选择符合环保标准的产品,促进了绿色商品的交易和市场竞争。

绿色贸易模式的技术演进还表现在绿色生产技术的创新和应用上。随着环保意识的增强和对资源的节约利用要求的提升,许多创新技术被引入到生产环节中,以降低环境污染和资源消耗。例如,用清洁能源替代传统能源,采用循环经济的理念,实现废弃物的资源化利用等。这些新技术使企业能够以更加环保和可持续的方式进行生产,满足绿色贸易的要求。

绿色贸易模式的技术演进还与物联网技术的发展密切相关。物联网技术将各种设备和物品连接起来,实现信息的实时采集和交互。在绿色贸易中,物联网技术的应用可以实现对环境参数和产品质量的监测和控制。例如,通过传感器监测环境污染程度,及时采取相应的控制措施,确保产品的质量和环保指标符合绿色贸易的要求。

三、绿色贸易模式的应用场景

(一)绿色贸易模式在制造业的应用

在现代制造业中,绿色贸易模式被广泛应用,以促进环境可持续发展和实现低碳经济。绿色贸易模式在制造业的应用主要包括以下几个方面。

绿色供应链管理是制造业中绿色贸易模式的重要组成部分。通过整合环境信息和可持续发展标准,企业可以减少对有害物质的使用,优化资源利用效率,并合规地处理废弃物。企业可以与供应商和下游客户密切合作,共同推动环境友好的产品设计、生产和交付,从而实现整个供应链的绿色化。

制造业中的能源管理也是绿色贸易模式的重要组成部分。通过采用清洁能源和能源管理技术,制造企业可以降低能源消耗,减少温室气体排放,并提高能源利用效率。例如,利用智能监测设备和自动化控制系统,企业可以实时监测能源消耗并优化能源使用策略,帮助降低能源成本和环境风险。

制造业中的绿色创新也是绿色贸易模式的重要方面。绿色创新主要指的是通过技术和产品创新,实现低碳、环保和可持续发展目标。制造企业可以通过研发和应用环保材料、能源高效设备和节能技术,降低产品的环境影响,满足消费者对环保产品的需求。绿色创新也能为企业带来竞争优势和商业机会。

制造业中的绿色标准和认证体系也为绿色贸易模式的实施提供了基础。许多国家和地区都建立了一系列的环保标准和认证机制,如 ISO 14001 环境管理体系、LEED 建筑认证等。企业可以通过遵循这些标准和认证要求,实施环境管理和绿色生产实践,履行其对环保和可持续发展的承诺。

(二)绿色贸易模式在服务业的应用

绿色贸易模式在服务业的应用越来越受到关注。服务业在现代经济中占据重要地位,而绿色贸易模式的引入可以为服务业提供可持续发展的途径。

1.促进服务业向环保方向发展

以旅游业为例,传统的旅游业往往伴随着资源的过度开发和环境的破坏。而通过绿色贸易模式的引入,可以鼓励旅游企业采取可持续发展的经营模式,包括推广低碳旅游、发展生态旅游、提倡环保措施等。这不仅可以保护自然环境,还能为游客提供更加美好的旅行体验。

2.推动服务业的创新发展

随着社会对绿色环保意识的提高,消费者对绿色产品和服务的需求不断增加。服务业可以通过绿色贸易模式引入更多的绿色创新,如推出环保餐厅、绿色建筑设计服务、可再生能源咨询等。这些创新既能满足消费者的需求,又能为服务业带来更好的社会声誉和经济效益。

3.提升服务业的国际竞争力

随着全球贸易的不断发展,绿色贸易成为国际贸易的一个重要方向。通过采用绿色贸易模式,服务业可以借助环境认证、绿色标签等方式,证明其产品和服务的环保性和可持续性。这不仅可以赢得消费者的信任和支持,还能够在国际市场上与其他企业竞争,赢得更大的市场份额。

(三)绿色贸易模式在农业的应用

绿色贸易模式在农业领域的应用是推动农业可持续发展的重要手段之一。农业作为人类生活不可或缺的产业,其发展对环境保护和资源利用具有重要影响。绿色贸易模式的引入,可以促进农业生产方式的转变,实现农业生产的高效、低耗、环保和可持续发展。

绿色贸易模式在农业中的应用可以提升农产品的质量和安全性。通过建立绿色农产品生产标准和认证体系,可以确保农产品的生产过程符合相关环境和食品安全标准。例如,引入有机农业技术和生产方法,避免过度使用农药和化肥,减少对土地和水源的污染,提高农产品的品质和安全性。

绿色贸易模式在农业中的应用可以促进农业生产的可持续性。绿色贸易模式鼓励农业生态系统的保护和修复,通过推广生态农业和循环农业等新型农业模式,实现土壤保护、水源保护和生物多样性保护。绿色贸易模式鼓励农业资源的合理利用,降低农业的资源消耗和浪费,提高农业生产效率和资源利用效率。

绿色贸易模式在农业中的应用还可以促进农村经济的发展。通过农产品的绿色贸易,农民可以获得更好的产品价格和市场准入机会,增加农民的收入和就业机会。同时,绿色贸易模式还鼓励农产品加工和增加价值,推动农村产业链的延伸和农村经济的多元化发展。

(四)绿色贸易模式在能源领域的应用

绿色贸易模式在能源领域的应用对于实现可持续发展具有重要意义。随着对环境保护和可再生能源利用意识的不断提高,绿色贸易模式在能源行业中的应用得到了广泛关注和推广。在能源领域中,绿色贸易模式主要通过以下几个方面的应用来实现。

能源领域的绿色贸易模式主要侧重于促进清洁能源的生产和消费。通过鼓励和支持可再生能源的生产和使用,绿色贸易模式在能源行业中推动了清洁能源的发展。例如,通过引入优惠政策和激励措施,各国鼓励投资者在可再生能源领域进行开发和建设。绿色贸易模式也推动了清洁能源产品的国际贸易,促进了全球清洁能源市场的繁荣和发展。

绿色贸易模式在能源领域中还注重资源的高效利用。通过资源的有效管理和利用,绿色贸易模式在能源行业中实现了能源的可持续开发和利用。例如,通过提高能源利用效率和推广能源节约技术,绿色贸易模式促进了能源资源的合理利用,减少了能源的浪费和污染。

绿色贸易模式还在能源领域中推动了技术创新和转型升级。通过绿色贸易模式的应用,各国在能源领域中加大了科技创新的力度,推动了能源技术的发展和转型升级。例如,通过引入先进的清洁能源技术和设备,绿色贸易模式促进了能源行业的绿色化和智能化发展。绿色贸易模式也鼓励企业加大研发投入,推动能源领域的技术创新和进步。

四、绿色贸易模式对可持续发展的影响

(一)对经济可持续发展的影响

绿色贸易模式的引入促进了企业创新能力的提升。通过推动绿色技术的研发和应用,企业能够开发出更加环保、高效的产品和服务,不仅满足了市场的需求,还降低了资源的消耗和排放的污染,提升了企业的竞争力。

绿色贸易模式创造了新的就业机会。随着绿色经济的崛起,不断涌现出一批具备环保技能和专业知识的从业人员。这些人才的培养和就业,不仅推动了绿色产业的发展,还带动了相关服务领域的快速增长,为社会创造了更多的就业机会。

绿色贸易模式在提升产业链价值的同时,激发了企业的"绿色竞争"意识。通

过采取绿色供应链管理,企业可以追踪和监控整个产品生命周期中的环境影响,并通过优化生产过程和资源利用来降低成本。这种以绿色为导向的竞争,不仅有助于企业获取持续的竞争优势,还有利于整个产业的可持续发展。

绿色贸易模式的实施对国家经济发展也具有一定的推动作用。以绿色贸易为中心的经济结构转型,不仅促进了清洁生产技术和绿色创新的发展,还提高了资源利用效率和产业竞争力,为国家经济的可持续发展奠定了坚实的基础。

(二)对社会可持续发展的影响

社会可持续发展是指在满足当前时代需求的同时,确保不影响未来时代满足其需求的能力。绿色贸易模式的推广和应用对社会可持续发展产生着重要的影响。

1.促进社会公正与包容

绿色贸易模式强调可持续性,以环境友好、资源节约、社会责任为基础,注重公平贸易规则和参与各方的公正待遇。这种模式鼓励企业和组织遵守社会伦理,保障劳动者权益,提供良好的工作环境和福利待遇。此举不仅有利于维护劳动者的权益,还推动了社会公正与包容的发展。

2.促进可持续消费和生产模式的转变

采用绿色贸易模式的企业和组织在产品生产和供应链中注重环境和社会影响的评估,选择环保、可再生、能效高的产品和技术,同时注重减少资源的浪费和污染的排放。这样的转变不仅有助于减少资源消耗,降低环境压力,还推动了可持续消费观念的普及和生产方式的升级,从而促进了社会可持续发展。

3.带动创新和技术进步

为了满足环保要求和绿色贸易的标准,企业和组织需要不断进行技术创新和改进。这些创新包括开发新的环保技术、推广清洁生产工艺、建立可持续运输体系等。通过技术进步和创新,绿色贸易模式催生了一批环保产业和新兴产业,为社会提供了更多的创业和就业机会,推动了社会经济的可持续发展。

(三)对环境可持续发展的影响

绿色贸易模式的推广促进了可再生能源的利用和发展。通过绿色贸易模式,国际间的能源贸易更加偏好于可再生能源,减少了对传统化石能源的依赖。例如,通过跨国电力交易,能源资源富集的国家可以将多余的可再生能源出口至需求量较大的国家,从而促进可再生能源的利用和发展,减少了对煤炭、石油等有限资源的依赖。

绿色贸易模式的推动促进了环境保护技术的应用和创新。绿色贸易所涉及的产品和服务通常要求符合一定的环境标准和认证要求,这就需要参与贸易的企业和机构在生产过程中采用环保技术,减少污染和资源浪费。企业为了满足国际市场对环保要求的需求,不断创新和应用环境友好型技术,如节能减排、清洁生产技术等,来提高产品的环境性能。这不仅有利于改善生态环境,降低碳排放,还能推动环境保护技术的研发和应用,促进环境产业的发展,实现经济和环保的双赢。

绿色贸易模式的推广还对环境治理和生态系统保护带来积极的影响。国际间的绿色贸易往往伴随着环保投资和技术转移,促进了受益国家的环境治理和生态保护。例如,提供资金和技术支持,改善水资源管理、减少污染排放、保护生物多样性等方面的能力,提高环境保护的水平。这样的合作方式促进了全球环境治理的合作,推进了可持续发展目标的实现。

第三节　服务贸易模式

一、服务贸易模式的定义

(一)传统服务贸易模式

传统服务贸易模式是指基于传统的面对面交流和实体服务的方式进行的国际服务贸易活动。在这种模式下,服务提供者和服务需求方通常需要面对面地进行接触和互动,如旅游服务、教育服务和咨询服务等。

在传统服务贸易模式下,服务提供者和消费者之间建立起直接的联系,这样有助于构建信任关系,提高服务质量和满意度。以旅游服务为例,游客与导游面对面交流,导游可以针对游客的需求提供定制化的服务,确保游客的旅行体验。

传统服务贸易模式还依赖于一些实体设施的支持,如旅馆、学校和办公室等。例如,在教育服务中,学校提供教学场所和设施,以支持学生的学习活动;在旅游服务中,旅馆提供住宿和接待设施,以满足游客的需求。

传统服务贸易模式也存在一些限制。面对面交流可能受到地理距离的限制,服务提供者和消费者必须位于相对接近的地理位置,否则交流和互动将变得困难。实体设施的建设和运营成本较高,对服务提供者而言,这可能增加了负担,并限制了其扩展服务范围和市场覆盖率的能力。

(二)电子服务贸易模式

电子服务贸易模式是随着信息技术的发展而兴起的一种新兴贸易形式,在全球化背景下越来越受到关注。电子服务贸易模式基于互联网和数字化技术,通过电子平台实现服务的跨境交流和交易。它具有以下几个特点。

电子服务贸易模式的运作机制高度依赖于互联网技术和数字化平台。互联网的普及和数字平台的兴起为服务贸易提供了更便捷、高效的交流和交易渠道。通过电子平台,服务提供方可以直接与需求方进行在线沟通,实现信息共享和交流,从而更好地满足需求方的个性化和定制化需求。

电子服务贸易模式的流程更加灵活和高效。相比于传统服务贸易模式,电子服务贸易模式不受地域、时间的限制,可以实现 24 小时全天候的服务交付。服务提供方可以根据需求方的具体需求,利用平台上的在线工具和应用程序,进行实时的服务交流和交付。这大大缩短了服务交付的时间,提高了服务的效率。

电子服务贸易模式具有较低的成本和风险。传统的服务贸易往往需要大量的实体设施和人力资源,从而导致高昂的成本。而电子服务贸易模式通过网络和平台的方式进行交流和交易,大大降低了运营成本。电子服务贸易模式减少了物理交付的环节,降低了物流和运输成本,同时减少了风险。

电子服务贸易模式对于经济增长的贡献不可忽视。随着全球数字化和信息化进程的加速,电子服务贸易模式已经成为推动经济发展和增长的重要引擎之一。它不仅能够创造更多的就业机会,提升国家竞争力,还能促进各国之间的合作和交流,实现共赢的局面。

(三)全球价值链下的服务贸易模式

全球价值链下的服务贸易模式是在全球化背景下兴起的一种新型服务贸易模式。它强调了服务在全球价值链中的重要角色和作用。全球价值链是指一种跨国企业组织方式,以全球范围内的资源配置和协作为基础,通过将生产活动划分为不同的环节,实现全球规模的资源配置和协作。

在全球价值链下的服务贸易模式中,服务不再是简单的产品附加值,而是成为跨国企业的核心竞争力。服务贸易活动包括技术支持、营销推广、售后服务等,这些服务在全球价值链中的各个环节中起到了至关重要的作用。服务贸易不再仅仅是国与国之间的交流和合作,而是跨国企业之间合作的重要组成部分。

全球价值链下的服务贸易模式的运作机制主要包括两个方面。跨国企业通过内部整合和外部合作,共同参与全球价值链的不同环节,通过分工合作和资源整合,实现全球资源配置的最优化。全球价值链下的服务贸易模式强调了服务的创新和升级,不仅仅是提供基础服务,而是通过技术创新和智力资本的投入,提高服务质量和附加值,为企业创造更大的价值。

全球价值链下的服务贸易模式具有一系列优势。通过全球资源的整合和优化配置,可以实现成本的最小化和效率的最大化,提高企业的竞争力和盈利能力。全球价值链下的服务贸易模式可以促进国际分工和跨国企业之间的合作,实现资源的互补和优势的互享。此外,全球化背景下的服务贸易模式还可以促进技术的传播和创新,推动全球经济的持续增长和发展。

全球价值链下的服务贸易模式也面临一些挑战和问题。由于服务贸易相对于商品贸易具有更高的不可见性和不稳定性,跨国企业在服务贸易中面临着更多的风险和不确定性。全球价值链下的服务贸易模式需要跨国企业之间的良好合作和信任,而这需要建立稳定的合作关系和规范的合作机制。

二、服务贸易模式的运作机制与流程

(一)服务贸易模式的运作机制

服务贸易模式的运作机制是指服务贸易在国际市场上实际运作的方式和机制。它涉及供需双方的行为和交互,并受到政策、技术和市场等多种因素的影响。在服务贸易模式的运作机制中,以下几个要素凸显出其重要性。

1. 供需匹配是服务贸易模式的核心

服务供应方和需求方之间的需求和供应需要完全匹配,才能实现双方的交易。这要求供应方提供符合需求方要求的服务,同时需求方有明确的需求。因此,服务贸易模式的成功与否在很大程度上取决于供需匹配的程度。

2.信息对称是服务贸易模式的基础

供需双方在交易过程中需要掌握一致的、充分的信息,以便进行有效的沟通和决策。在服务贸易模式中,信息的不对称性可能导致信息偏见和不确定性,从而影响交易的顺利进行。因此,建立有效的信息交流和共享机制对于服务贸易模式的运作至关重要。

3.合作与信任是服务贸易模式的关键

服务贸易涉及不同国家、不同文化背景的供需方之间的交互,因此建立合作关系和信任关系尤为重要。只有建立了良好的合作与信任关系,才能共同应对市场风险和不确定性,从而实现服务贸易的稳定和持续发展。

4.政策环境对服务贸易模式的运作产生重要影响

各国的法律法规、政策措施对于服务贸易的市场准入、透明度、监管等方面都具有重要影响。政策环境的不确定性和不稳定性可能导致服务贸易模式的不确定性和不稳定性,限制了跨境服务贸易的发展。因此,构建稳定、透明、开放、公平的政策环境对于服务贸易模式的运作至关重要。

(二)服务贸易模式的基本流程

服务贸易模式的基本流程是指在国际服务贸易中,服务供应方和需求方之间进行交换与合作的过程。这一流程通常包括几个关键步骤,即需求确认、交涉洽谈、合同签订、服务交付和支付结算。

1.需求确认

服务需求方首先明确自己的需求,并对服务的性质、规模、质量和时限等方面进行清晰的界定。这个阶段的目标是确保双方对服务需求的理解达成一致,避免沟通误差和不必要的纠纷。

2.交涉洽谈

服务供应方和需求方开始就服务的具体内容、条件和价格等进行协商。双方可能会进行多次的洽谈和讨论,以达成最终的合作意向。这一阶段的关键在于充分了解对方的需求和资源,并寻找双方的利益点,以实现最大化的合作。

3.合同签订

在此阶段,服务供应方和需求方通过签署正式的合同文件来确立双方之间的法律关系和责任义务。合同应当明确规定服务的具体内容、时限、价格、支付方式、违约责任等方面的细节,以保障双方权益,防范风险。

4.服务交付

服务供应方按照合同约定的内容和要求,履行对应的服务提供义务。在服务交付的过程中,供需双方需要保持及时的沟通和协调,确保服务的质量、准时交付和客户满意度。

5.支付结算

需求方按照约定的支付方式和时间节点,向服务供应方支付相应的费用。同时,双方还应当对服务的交付情况进行评估和确认,以保证双方的利益得到充分保障。

(三)服务贸易模式的关键环节

在服务贸易模式中,关键环节的有效运作对于实现服务的顺利交付和经济效益的提升至关重要。

1.市场准入

市场准入涉及服务提供商进入目标市场的过程,包括获取相关许可、满足市场准入条件等。市场准入的顺利实施对于服务贸易的开展具有重要意义,它有助于拓宽服务贸易的范围,促进国际服务贸易的合作与交流。

2.供需对接

供需对接是指服务供应方与需求方之间有效的连接与匹配。这一环节的顺利进行,能够提升服务的质量和效率,实现资源的优化配置。供需对接需要建立高效的信息交流机制,确保供需双方能够快速、准确地匹配并满足对方的需求。

3.交付与执行

交付与执行阶段涉及服务提供商履行合同、提供服务以及实施监督与评估等。在这个环节中,服务提供商需要准确地理解需求方的需求,并按照合同约定履行相应的义务。对服务质量的严格把关与评估也是不可忽视的,只有保证服务的质量与效果,才能够赢得需求方的信任与满意,并为服务贸易的可持续发展奠定基础。

4.售后服务与反馈

售后服务与反馈环节的目的是确保服务提供方可以及时地解决服务中出现的问题,并根据需求方的反馈进行改进与完善。售后服务与反馈的有效开展,能够增进服务提供方与需求方之间的合作关系,并在产品推出之后提供持续的支持与服务。

三、服务贸易模式的优势

(一)提升服务效率

为了适应不断变化的全球经济形势,国际服务贸易模式的发展越来越重视提升服务效率。在这一方面,服务贸易模式运作机制的优势可以从几个层面来进行分析和解释。

采用国际服务贸易模式能够促进服务流程的标准化和规范化。通过建立统一的服务规则和流程,不论是服务提供者还是服务消费者,都能够在相对公平和透明的环境中进行交流和合作。这样一来,服务的过程变得更加高效,各个环节之间的协同配合也得到了有效的提升。

国际服务贸易模式的运作机制充分利用信息和通信技术的发展,可以实现服务的在线化和数字化。通过互联网和其他数字化平台,服务提供者能够与服务消费者进行实时的沟通和交流。无论是在线教育、在线医疗还是在线咨询等服务形式,都能够更加方便和快捷地提供给消费者。这不仅提高了服务的效率,还缩短了服务的时间和空间距离。

国际服务贸易模式还通过创新的服务形式来提升服务的效率。例如,一些企业通过引入自动化技术和人工智能,在服务过程中减少了人力资源的需求,提高了服务的效率和质量。同时,一些企业还通过创新的营销策略和服务模式,提供个性化和定制化的服务,满足消费者多样化的需求,进一步提升了服务的效率。

(二)降低运营成本

通过采用高效的管理和运作机制,服务提供商可以有效地减少运营成本,从而在全球市场上保持竞争力。

通过在服务交付过程中优化流程和减少资源浪费,服务提供商可以降低运营成本。这包括优化供应链管理,通过合理的物流规划和仓储管理,降低物流成本。通过采用信息技术和自动化系统,减少人工操作,提高效率。例如,利用人工智能技术和机器人自动化,可以实现服务的自助化,减少人员的介入,从而节约人力成本。

通过跨境外包和共享经济模式,服务提供商可以降低运营成本。跨境外包是指将某些服务环节或作业业务外包给其他国家的服务提供商,利用低成本劳动力和资源,实现成本的降低。

利用共享经济的模式,服务提供商可以通过共享资源和共享平台降低成本。共享经济是一种基于共享和物联网技术的新型经济模式,通过共享服务、共享设备和共享资源,实现资源的最大化利用。例如,共享办公空间、共享运输工具和共享人力资源等,可以将固定成本变为可变成本,从而有效降低运营成本。

服务提供商可以通过与其他企业的合作和协同,实现资源共享和分工合作,从而降低运营成本。例如,与其他企业合作进行联合研发,共同利用研发资源和技术专长,可以降低研发成本;与物流企业合作,实现配送和运输的共同利用,可以降低物流成本;通过合作共建服务平台,实现优势互补,可以减少市场推广和运营成本。

(三)创新服务形式

创新服务形式指的是通过引入新的技术、商业模式或者创意,为服务提供商带来业务的差异化和竞争优势。创新服务形式的兴起,不仅为服务贸易提供了更多的选择和可能性,还推动了经济的发展和增长。

创新服务形式可以满足消费者多样化的需求。随着经济的发展和社会的进步,人们对服务的需求变得越来越多样化和个性化。传统的服务模式已经不能满足消费者的需求,因此需要通过创新来提供更加个性化和符合市场需求的服务形式。比如,随着数字化技术的发展,电子商务、在线教育、远程医疗等新兴的服务形式不断涌现,为消费者提供了更加便捷和高效的服务体验。

创新服务形式也带来了新的商业机会和经济增长点。创新服务形式的引入,不仅可以提升服务贸易的规模和质量,还能够促进相关产业的发展。比如,通过创新的金融科技,可以为金融服务提供商和消费者带来更高效、更便捷的交易与管理方式,促进金融服务的全球化和扩大。此外,创新服务形式的引入还能够激发出更多的创业机会和创新活力,推动整个经济系统的发展和增长。

创新服务形式也面临一些挑战和难题。一方面,创新的服务形式可能会面临技术壁垒和市场风险。新技术的引入和应用需要一定的技术能力和资源投入,而市场对新服务形式的认可和接受也需要一定的时间和过程。另一方面,创新服务形式的发展还需要政府的支持和监管政策的引导。政府可以通过加强知识产权保护,建立良好的创新环境和金融支持体系等手段,推动创新服务形式的发展和推广。

(四)促进服务全球化

在当今全球化的背景下,服务贸易模式具有独特的优势,可以促进服务的全球化。服务贸易模式可以突破地域限制,使服务可以跨越国界进行交流和交易。随着互联网的快速发展,新兴技术的应用和数字化的推进,人们可以通过在线平台、远程办公等方式,实现跨国界的服务交流。这种方式不仅提升了服务的可访问性和便利性,还打破了时间和空间的限制,让服务可以更加全球化地进行。

服务贸易模式可以促进不同国家之间的服务合作与交流。通过建立合作伙伴关系、共享资源和技术,各国可以通过服务贸易模式实现资源的优化配置和互补,从而提高服务质量和效率。例如,一些发展中国家可以利用发达国家的技术和管理经验来提升自身的服务水平,发达国家则可以通过服务贸易模式进一步扩大市场份额和影响力。

服务贸易模式还可以促进国际间的文化交流和融合。服务业往往与文化密切相关,通过服务贸易模式,不同国家的文化元素可以更好地传播和交流。例如,一些发展中国家的民族艺术、传统医药等可以通过服务贸易模式输出到国际市场,从而促进了文化产品与服务的全球化。

服务贸易模式可以促进各国之间的贸易平衡和经济发展。在全球产业链的构建中,服务贸易作为一个重要环节,可以实现资源的优化配置和相互支持发展。通过服务贸易模式,各国可以实现服务的专业化和规模化,提高国际竞争力和核心竞争力,从而带动经济的增长和就业的增加。

四、服务贸易模式对经济增长的贡献

(一)服务贸易模式对产业结构优化的影响

服务贸易模式作为国际贸易中的重要组成部分,对于产业结构的优化起着至关重要的作用。服务贸易模式的引入和发展,可以促使产业结构朝着更加高效、创新和多元化的方向转变。

服务贸易模式的引入使传统的制造业转向了服务型经济。传统制造业在过去主要以大量劳动密集型产品为主,而服务贸易模式的引入,使企业更加注重创新和技术驱动,从而逐渐实现了从产品经济向服务经济的转型。例如,随着云计算、大数据和人工智能等新兴技术的发展,许多企业开始提供基于服务的解决方案,如云服务、数据分析、智能客服等,通过提供高附加值的服务使产业结构逐渐向服务业倾斜。

服务贸易模式的运作机制和流程为产业结构优化提供了新的机会。服务贸易模式强调的是跨国合作、资源共享和优势互补,提供了更多的机会供企业进行多元化经营和差异化发展。例如,企业可以通过跨境融资、技术转让和人才流动等方式,获得更广阔的市场和更丰富的资源,从而推动产业结构的优化和升级。同时,服务贸易模式还鼓励企业参与全球价值链,促进产业链的延伸和优化,使企业能够更好地适应全球市场的需求和变化。

服务贸易模式的优势对产业结构的优化具有积极的影响。服务贸易具有低成本、高附加值、高创新性等特点,这些优势使服务贸易成为推动产业结构优化的重要力量。通过引入高技术、高附加值的服务,可以提高企业的竞争力和附加值,从而推动企业向更高端、更创新的产业链方向转型。同时,服务贸易的灵活性和可持续性也为产业结构优化提供了新的动力。通过不断创新和适应市场需求,企业能够不断调整和优化产品与服务的供给结构,提高产业结构的适应性和可持续性。

(二)服务贸易模式对就业增长的贡献

服务贸易模式作为一种新兴的经济发展模式,对就业增长有着显著的贡献。这种模式的运作机制与传统的商品贸易模式存在着较大的差异,主要体现在服务贸易的特点上。服务贸易具有高附加值、高技术含量、高人力密集度等特点,因此,在其中从事服务贸易的从业者数量较多,人力资源得到更好的利用。

服务贸易模式的推动带动了就业市场的扩大和就业机会的增多。服务贸易作为一种以服务为核心的经济活动,涉及各个领域、行业的服务需求。在服务贸易活动的推动下,许多新的就业机会被创造出来。例如,在跨境电子商务领域,随着电子商务平台的兴起和发展,越来越多的人投身于电商行业,担任电商平台运营、客服、物流等职位,从而提供了大量的就业机会。

服务贸易模式的推动对提高就业的质量和薪资水平有着积极的影响。相比传统的劳动密集型产业,服务贸易所需的人力资源更加注重专业技能和知识水平的提升。因此,在从业者的就业中,服务贸易模式为员工提供了更多提升专业素质和技能的机会,从而提高了就业的质量和薪资水平。例如,在服务外包领域,随着服务外包市场的扩大,越来越多的专业人才受益于服务外包产业链的拓展,他们通过提供高附加值的专业服务,获得了较高的收入和职业发展空间。

服务贸易模式的推动能够促进就业结构的优化。服务贸易作为一种以知识、技术和技能为核心的经济活动,对劳动力需求提出了更高的要求。这导致服务贸易活动更加注重人力资源的优化配置,更加重视高技能、高学历的从业者。通过推动就业结构的优化,服务贸易模式能够提升整体劳动力素质,促进人力资源的合理分配。

(三)服务贸易模式对经济增长的直接影响

服务贸易模式作为国际贸易中的重要组成部分,对经济增长有着直接的影响。服务贸易模式为经济增长提供了新的动力源。随着全球化的推进,服务贸易呈现出蓬勃发展的趋势,为各国经济注入了新的活力。服务贸易模式的快速发展意味着更多的利润获得机会,从而激发了企业的投资意愿和创新活动,促进了经济的增长。

服务贸易模式的发展对经济结构进行了优化调整。随着服务贸易的不断扩大,涉及的行业范围也日益广泛,从传统的服务行业如旅游、咨询,到新兴的服务行业如云计算、人工智能等,服务业的比重在国民经济中逐渐增加。这使得经济结构更加多元化,降低了对传统制造业的依赖程度,提高了整体产业结构的效率和竞争力。

服务贸易模式的发展对就业增长做出了积极贡献。服务贸易的蓬勃发展带来了大量的就业机会,尤其是对技术密集型的服务行业。例如,互联网经济的快速发展催生了电子商务、在线教育等新兴行业,不仅提供了许多就业机会,还促进了劳动力的技能提升和创业创新的活跃度。因此,服务贸易模式的增长不仅提高了经济的竞争力,同时还创造了更多的就业机会,为国家的就业和社会稳定做出了积极贡献。

服务贸易模式对经济增长产生了直接的影响。通过与其他国家的服务贸易合作,国内企业能够借鉴和引进国际先进的服务经营模式和管理经验,提高自身竞争力和服务质量。国际服务贸易的发展还加速了技术的传播和创新的流动,推动了技术的进步和生产效率的提高。这些积极的影响使得服务贸易模式成为促进经济增长的重要驱动力之一。

第四章　数字经济时代的国际贸易规则

第一节　WTO 框架下的数字贸易规则

一、WTO 数字贸易规则的发展历程

(一)WTO 数字贸易规则的形成

在 WTO 发展的历程中,数字贸易规则的形成经历了一个逐步完善和演变的过程。随着信息技术的飞速发展和全球化的推进,数字经济逐渐成为全球经济增长的重要动力。为了应对数字贸易的挑战和推动数字经济的健康发展,WTO 开始重视和研究数字贸易规则。

WTO 在其成立初期就开始关注数字贸易,并尝试制定适用于数字贸易的规则。早在 1996 年,WTO 成员就通过了《信息技术协定》,目的是为了推进信息技术产品和服务的自由贸易,并为数字贸易奠定了基础。这一协定对于数字贸易的发展起到了积极的推动作用。

随着数字经济的迅猛发展和全球数字贸易的激增,WTO 开始就数字贸易规则展开更为系统和全面的讨论。在 2004 年至 2013 年间,WTO 举行了多轮谈判,就数字贸易规则展开了深入研究和协商。最终,WTO 于 2015 年通过了《在线数字交易协议》,该协议旨在推进全球范围内数字贸易的自由化和规范化,为数字贸易提供了更强的法律保障。

WTO 数字贸易规则的形成不仅是由 WTO 内部的努力推动,还离不开各个成员的共同努力。各成员积极提出自己的建议和意见,并就数字贸易规则的内容和范围进行协商。在这个过程中,各成员之间的利益分歧和争议是不可避免的,但通过协商和妥协,他们最终达成了一系列关于数字贸易规则的共识。

WTO 数字贸易规则的形成是一个持续不断的过程,它将随着数字经济的发展而不断完善和演变。随着新技术和新模式的不断涌现,数字贸易的形式将变得越来越多样化和复杂化。因此,WTO 及其成员需要不断跟进和适应这一变化,

进一步完善数字贸易规则,保障全球数字贸易的公平、开放和可持续发展。

在面对数字贸易规则的形成时,中国作为全球第二大经济体和最大的电子商务市场之一,也积极参与其中。中国致力于推动数字贸易的开放和规则制定,积极参与国际数字贸易的谈判和合作机制。同时,中国也需要加强自身的法律法规建设,保护数字贸易参与主体的合法权益,并提供便利和支持,以适应数字经济的快速发展和全球数字贸易规则的变化。

(二)WTO 数字贸易规则的演变

在 WTO 框架下,数字贸易规则的演变是一个不断调整与完善的过程。从 WTO 成立至今,数字贸易的发展与技术的进步发生了翻天覆地的变化,这对 WTO 数字贸易规则的演变提出了新的要求。

数字贸易规则的演变表现为对数字经济的全面覆盖。随着信息技术的蓬勃发展,数字经济已经成为全球经济增长的重要动力,因此数字贸易也在不断扩大其范围与影响力。早期的 WTO 数字贸易规则主要涉及基础电信服务、电子支付等领域,随着云计算、大数据、人工智能等新兴技术的兴起,数字经济的界限变得模糊起来,数字贸易规则也相应地扩展至数字服务、数据流动、电子商务等领域,以适应不断发展的数字化经济。

数字贸易规则的演变体现为对数据保护与隐私的关注。随着数字化时代的到来,个人数据和企业数据已成为数字经济的核心要素之一,这也引发了对隐私保护和数据安全的关切。在 WTO 数字贸易规则的演变过程中,越来越多的国家开始重视数据的隐私和安全,并要求数据流动的合法性、公正性和透明度。例如,欧盟通用数据保护条例(GDPR)的颁布和实施,为数字贸易规则的演变带来了新的思考。

数字贸易规则的演变还表现为对技术壁垒的关注。由于不同国家之间在技术水平和数字经济发展程度上存在差异,一些国家往往通过技术壁垒来限制或歧视性对待进口数字产品和服务。因此,WTO 在数字贸易规则的演变中,也在不断强调技术壁垒的消除和互惠原则的推进,以实现数字贸易的公平与自由。

数字贸易规则的演变还体现为对知识产权保护的强调。在数字化时代,知识产权已经成为数字贸易的核心资产。因此,保护知识产权在数字贸易规则的演变中扮演着重要角色。WTO 通过 TRIPS 协定等规则的制定和完善,加强了对数字贸易中知识产权的保护,提高了对知识产权侵权行为的打击力度。

二、WTO 框架下数字贸易规则的主要内容与特点

(一)数字贸易规则的主要内容

WTO 框架下的数字贸易规则主要涵盖了多个方面,旨在促进数字贸易的发展和规范其运作。数字贸易规则涉及电子商务服务的自由化与便利化。根据 WTO 的规定,成员应该逐步降低对电子商务服务提供者的市场准入限制,并通过减少不必要的审批程序和限制性措施,促进跨境的电子商务交易。

数字贸易规则还强调了网络中立和数据流的自由流动。网络中立原则指的是网络服务提供商应当平等对待各个不同来源的信息流量,不得对数据进行歧视性的处理。数据流的自由流动则是指成员间不应在数字贸易中实施不合理的数据定位要求或者过度的数据本地化政策。

数字贸易规则还涉及知识产权保护和争端解决机制等方面。根据 WTO 的规定,成员需要保护数字贸易中涉及的知识产权,包括软件、音乐、影像等创作作品的版权。同时,WTO 还建立了专门的争端解决机制,用于解决数字贸易领域的争端,并确保成员遵守相关的规则和承诺。

在这些主要内容之外,数字贸易规则还覆盖了电子支付和电子合同等方面。电子支付的发展使跨境交易变得更加便捷和高效,成员需要简化和统一相关的支付标准和规定。电子合同则涉及在线交易过程中的签署和合同履行问题,其中包括电子签名的认可和在线争议解决机制的建立。

(二)数字贸易规则的独特性

数字贸易规则作为 WTO 框架下的重要组成部分,具有其独特的特点和作用。数字贸易规则的独特性表现在其涉及的范围广泛且多元化。相比传统贸易规则,数字贸易规则不再局限于物质产品的交换,而是涵盖了各类数字产品和服务的跨境交付与交易。这些数字产品和服务包括电子商务、云计算、数据流动、软件、音像制品等跨国公司间的在线交易和合作。因此,数字贸易规则对于适应国际经济的数字化转型具有重要意义。

数字贸易规则的独特性还体现在其应对新兴问题和挑战的能力上。随着数字技术的迅猛发展,出现了许多与数字贸易相关的新问题和挑战,如网络安全、数据隐私、匿名交易等。数字贸易规则通过针对这些问题提供监管和合作机制,保

障参与方的合法权益和消费者的利益。例如,关于数据隐私的规则要求跨国公司在跨境数据流动时采取适当的安全措施,保护用户的个人信息和数据。

数字贸易规则的独特性还在于其灵活和开放的特点。与传统贸易规则相比,数字贸易规则更加灵活适用于不同的数字贸易形式和业务模式。这意味着数字贸易规则有助于推动数字贸易的发展和创新,并为各方提供了更大的合作和竞争的空间。特别是对于中小企业和发展中国家而言,数字贸易规则的灵活性使他们能够更好地参与全球数字贸易并分享其红利。

(三)数字贸易规则的影响力

数字贸易规则的建立和发展对全球数字经济的推动起到了积极的作用。随着信息技术的快速发展和互联网的普及,数字贸易成了跨境贸易的重要组成部分。数字贸易规则的确立为数字经济的发展提供了法律保障,促进了数字经济产业链的形成和发展。这对各国经济增长和就业创造有着显著的积极影响。

数字贸易规则的影响力体现在促进跨境数据流动的自由化和便利化。通过制定和遵守数字贸易规则,各方可以在保护个人隐私和信息安全的前提下,实现数字化时代跨境数据的自由流动。这为国际贸易和合作提供了更加开放和高效的环境,有利于提升数字经济的发展速度和效益。

数字贸易规则对于知识产权保护也起到了重要的作用。在数字经济时代,知识产权的保护与数字贸易紧密相关。数字贸易规则的确立和实施,有助于保护知识产权,鼓励创新和知识产权的有效运用。这对于技术创新的推动和国际合作的深化具有积极意义,同时为各方数字经济的发展提供了有力支持。

数字贸易规则还对数字贸易争端解决机制的构建起到了引领和规范的作用。随着数字贸易的不断发展,数字贸易争端也愈发频繁。数字贸易规则的建立为解决争端提供了明确的法律依据和程序。各成员可以依据 WTO 框架和相关数字贸易规则,通过协商、沟通和争端解决机制来处理数字贸易争端,维护各方利益和全球数字贸易的稳定发展。

三、对中国的影响

(一)对中国数字贸易发展的影响

中国是全球最大的电子商务市场之一,并且在数字经济领域具有巨大的潜力和竞争优势。然而,WTO数字贸易规则对中国的数字贸易发展产生了一系列的影响。

WTO数字贸易规则的发展促进了中国数字贸易的扩大和提升。根据WTO规定,成员之间应当遵守自由贸易原则,消除数字贸易壁垒,提供公平竞争的环境。这为中国出口商提供了更广阔的市场,并激发了对数字贸易的创新和发展。中国的电子商务平台和数字贸易企业得以在国际市场中获得更多的机会,进一步推动了中国数字贸易的发展。

WTO框架下的数字贸易规则为保护知识产权提供了重要保障。数字贸易的核心是数字化的产品和服务,包括软件、音视频内容等。在数字贸易中,知识产权保护尤为重要。WTO规定了知识产权保护的基本原则和规则,强化了知识产权的保护力度。对于中国而言,这意味着更好地保护本土企业的知识产权,鼓励创新和研发投入,推动数字贸易行业的发展。

WTO数字贸易规则也对中国的数字经济结构和模式产生了一定的影响。根据规则要求,数字贸易应当是互利共赢的,成员之间应共同推动数字经济的发展。对中国而言,这意味着需要调整和优化数字经济的结构,进一步加强与其他成员国合作,促进数字贸易的均衡发展。WTO规则也规定了对数字经济的监管和规制,这要求中国进一步完善法律法规体系,确保数字经济的健康有序发展。

针对WTO数字贸易规则对中国数字贸易发展的影响,中国可以采取一系列的应对策略。例如:加强国内法律法规的建设,推进数字贸易领域的立法工作;加强知识产权保护,提升中国在数字贸易中的话语权和影响力;加大对数字贸易领域人才的培养和引进力度,提高中国数字贸易的专业化水平和竞争力;加强与其他成员的合作,积极参与国际数字贸易规则的制定和修订过程,争取更多的发言权和权益保障等。

(二)对中国数字经济的影响

WTO框架下的数字贸易规则对于中国数字经济的发展具有重要的影响。数字贸易规则的制定和执行,为中国数字经济的创新与发展提供了更加稳定和规范的环境。在数字经济时代,数据和信息流动成为推动经济增长和创新的核心要素,而数字贸易规则的确立为跨境数据流动提供了便捷和确定性,提高了中国数字经济的运作效率和可预见性。

WTO框架下的数字贸易规则对于中国数字经济的开放和包容起到了积极推动作用。数字经济的发展需要国际间的合作和交流,而数字贸易规则为各成员提供了平等和公平的竞争机会,避免了数字贸易中的歧视和保护主义行为。这种开放性的政策环境有利于中国数字经济的对外开放,吸引了更多的外商投资和技术引进,推动了中国数字经济的国际化进程。

WTO框架下的数字贸易规则也对中国数字经济的规范和保护起到了重要作用。数字经济的发展伴随着信息安全、知识产权和消费者权益等诸多挑战,而数字贸易规则通过规范各类主体的行为和争端解决机制的设立,保障了中国数字经济的健康和可持续发展。同时,数字贸易规则的制定和执行也为中国企业在境外市场上的经营提供了约束和保障,提高了中国企业在数字经济领域的竞争力和声誉。

WTO框架下数字贸易规则也带来了一些挑战和压力。中国数字经济的快速发展面临着技术创新和实践不断推进导致规则跟不上的问题,需要更加积极参与和引领国际数字贸易规则的制定和改革。同时,数字贸易规则中存在的一些不平衡性和不确定性也需要通过多边和双边的谈判与协商来解决,为中国数字经济的健康发展提供更加稳定和可持续的国际环境。

(三)对中国法律法规的影响

在数字贸易规则的发展进程中,WTO框架下的规则对中国的法律法规产生了直接的影响。WTO框架下的数字贸易规则要求成员在制定和实施法律法规时,必须遵守非歧视和国民待遇原则。这意味着中国在制定数字贸易相关的法律法规时,不能对国内和外国企业采取不同的待遇,必须确保公正、平等的竞争环境。

WTO框架下的数字贸易规则要求成员采取措施,保护知识产权,并加强知识产权的执法。这对中国的法律法规制定和执法能力提出了更高的要求。中国作为一个知识产权大国,必须进一步健全与知识产权相关的法律法规,建立更加有效的执法机构和制度,加强对知识产权的保护,提高知识产权侵权的惩罚力度,以维护国内市场的公平竞争秩序,提高创新能力和竞争力。

WTO框架下的数字贸易规则还要求成员在信息和通信技术领域开展监管和合作。这对中国的法律法规制定和监管机构提出了挑战。中国作为全球最大的互联网市场,在信息和通信技术领域的监管和合作方面,需要进一步加强国内法律法规的制定和修订,完善监管机制,加强与其他国家和国际组织的合作,共同应对跨境互联网治理的挑战。

(四)对中国企业的影响

1.促进企业开展数字贸易业务

随着 WTO 框架下数字贸易规则的完善和深化,中国企业将享受到更加公平、透明的国际贸易环境,市场准入将更加开放,促进了企业在全球范围内开展数字贸易业务的可能性。这也对中国企业提出了更高的要求,需要不断提升自身的创新能力、服务质量和竞争力,才能在激烈的国际竞争中获取更大的份额。

2.提供了更广阔的市场机遇

在数字贸易规则的框架下,跨境电子商务平台的发展为中国企业提供了全球化的市场机会。数字技术的快速发展使中国企业能够借助互联网和电子商务渠道,突破地域限制,直接面向全球消费者。这为中国企业拓展海外市场提供了便利和机会,同时加强了国内外市场玩家之间的竞争。

3.促使企业加强技术创新和知识产权保护

在数字贸易中,技术创新是企业保持竞争优势的关键。随着国际贸易规则的不断演变,对知识产权的保护和尊重变得尤为重要。中国企业必须加强技术创新能力的提升,不断推出高质量、具有核心竞争力的产品和服务,积极保护自身的知识产权。同时,加强国际合作,与其他国家和企业共同探索技术创新和知识产权保护的最佳实践,共同推动数字经济的可持续发展。

4.引发商业模式的变革和转型

随着数字贸易的兴起,传统的商业模式已经无法满足迅猛发展的数字经济需求。中国企业必须积极适应数字化转型的趋势,转变传统的商业模式,加大投入研发和创新,加速数字技术的应用,提升数字化营销和服务能力。只有不断创新,才能在数字贸易的竞争中保持竞争优势。

5.加强企业间的合作与竞争

在数字贸易规则框架下,合作和竞争不可避免地并存。合作可以带来更多的资源共享和技术互补,提升企业的整体实力;竞争则推动企业不断提高自身的核心竞争力。中国企业需要认清形势,积极探索合作和竞争的平衡点,以推动企业的可持续发展。

四、中国的应对策略

(一)优化数字经济发展环境

在当前全球数字经济快速发展的背景下,为了应对 WTO 数字贸易规则的挑战,中国需要优化数字经济发展环境,以保持竞争力和实现可持续发展。

1.加强对数字经济的政策支持和法律法规建设

这意味着需要制定相关政策,提供税收和财务激励措施,以及完善相关法律法规,以促进数字经济的发展和创新。例如,可以考虑制定更加包容的数字经济税收政策,以鼓励企业投资和创新。此外,还应进一步完善数据保护和隐私安全的法律框架,保护用户的权益,并促进数字经济的良性发展。

2.优化数字基础设施建设

数字经济依赖于高速、稳定的网络和先进的电子设备。因此,中国应加大投资力度,加快建设高速宽带网络,并提供普及的数字设备和技术支持,以提高全民与数字经济的连接。还应加强网络安全保障能力,建立健全的网络安全体系,以应对来自国内外的网络攻击和威胁。

3.加强数字技能培训和人才引进

数字经济的快速发展需要拥有相关技能和知识的人才支持。因此,中国应加大对数字技术培训的投入,提高人才培养的质量和数量。还应制定政策吸引国际高水平人才来华工作,促进数字经济人才的交流和创新。

4.积极参与国际数字经济合作与交流

通过与其他国家和国际组织的合作,中国可以分享经验、加强合作,促进共同发展。中国可以积极参与制定国际数字贸易规则的讨论和决策过程,为自身利益发声,并争取更多的利益保护和参与权益。

(二)加强数字贸易规则研究

数字贸易规则在全球范围内得到了越来越多的关注,因为其在促进跨境经济活动和数字化转型方面的重要作用。为了更好地应对 WTO 框架下的数字贸易规则,中国需要加强数字贸易规则研究,以适应和引领全球数字经济发展的潮流。

可以通过加强数字贸易规则的研究来增强我国在国际数字贸易规则制定中的话语权和影响力。数字贸易涉及很多新兴的领域和技术,如电子商务、大数据、人工智能等,需要有相关的政策和规则来引导和规范。通过加强研究,可以洞察数字贸易的发展趋势,把握新技术与贸易的融合,为我国在国际数字贸易谈判中争取更多的优势和权益。

加强数字贸易规则的研究可以帮助我们更好地应对国际贸易摩擦和争议。数字贸易在涉及数据流动、隐私保护、知识产权等方面存在许多复杂的问题和挑战。通过深入研究,我们可以提出具有针对性和可操作性的政策建议,为解决数字贸易争端提供智力支持和法律依据,维护我国企业和消费者的合法权益。

在加强数字贸易规则研究的同时,我们也应该加强与 WTO 的合作,积极参与国际数字贸易规则的制定和反思讨论。WTO 作为一个全球性的贸易组织,对于数字贸易规则制定有着重要的影响力和作用。我们应该积极参与 WTO 的相关谈判和会议,倡导并推动国际数字贸易规则的发展,维护我国在数字贸易领域的合法权益。

(三)加强与 WTO 的合作

为了更好地应对 WTO 数字贸易规则的发展趋势,中国必须积极参与并加强与 WTO 的合作。在当前全球经济一体化的大趋势下,国际贸易规则的制定和调整已经成为国际合作中必经的过程。加强与 WTO 的合作,将有利于中国在数字贸易领域发挥更大的作用,并为中国企业提供更多的机遇和便利。

中国应加强与 WTO 的沟通与协调,促进数字贸易规则的制定和修订过程中的中国声音被充分听取和考虑。中国作为世界上最大的电子商务市场之一,拥有丰富的数字经济发展经验和实践,这为中国在数字贸易规则的制定中发挥积极作用提供了基础。通过积极参与 WTO 的相关会议、研讨和协商,中国可以就数字贸易规则的制定提出自己的主张和建议,努力争取更多符合中国国情和利益的规则条款。

加强与 WTO 的合作还需要中国加大对 WTO 的参与力度。除了参与数字贸易规则的制定,中国还应积极参与 WTO 的其他工作和议题。例如,支持多边贸易体制的发展,维护自由、开放和公平的贸易环境,推动贸易便利化和贸易投资便利化的进程等。通过加大在 WTO 的投入和活动,中国可以提高对 WTO 决策的影响力,为自身的数字贸易发展争取更有利的环境和条件。

中国还应加强与其他成员的合作,共同推动 WTO 数字贸易规则的发展。数字贸易具有全球性的特点,各成员之间的合作和协调至关重要。中国可以与其他有相似数字贸易背景和需求的国家和地区密切合作,共同制定和推动改革性的数字贸易规则,加强对数字贸易的监管和管理,促进数字贸易的健康发展。

在加强与 WTO 的合作的过程中,中国应注意坚持国家的权益和利益,突出自身的特点和发展需求。只有在更加积极地与 WTO 合作的基础上,中国才能更好地适应数字贸易规则的发展趋势,更有效地维护自身的数字贸易利益。同时,中国还需要加大对国内企业和各利益相关方的宣传力度,提高他们的意识和能力,在国际数字贸易竞争中取得更有利的地位和竞争力。

第二节　区域贸易协定的数字贸易条款

一、区域贸易协定数字贸易条款的主要内容与特点

(一)条款主要内容解析

数字贸易条款通常涵盖了电子商务、数据流动、数据保护和知识产权等方面。在电子商务方面,条款通常规范了电子交易的法律地位和争议解决机制。它还关注了电子商务平台的运营规则和信任机制,以保护消费者和商家的合法权益。

数据流动是数字贸易中不可忽视的一个方面。数字贸易协定的条款通常规定了跨境数据流动的原则和限制。这涉及数据的自由流动、数据本地化要求以及对个人隐私的保护等问题。通过规范数据流动,数字贸易条款可以促进全球数字经济的发展和合作。

数字贸易条款也关注了数据保护的问题。其目的是保护个人和企业的数据安全,防止数据被滥用和泄露。条款通常规范了数据的收集、处理和存储的限制和要求,同时要求相关国家建立有效的数据保护机制和监管体系。

数字贸易条款还涉及知识产权的保护和执法。这主要包括对数字产品和服务的版权保护、商标保护以及专利保护等方面的规定。通过保护知识产权,数字贸易条款有助于促进创新和知识产业的发展,并确保公平竞争的环境。

(二)特点分析

在区域贸易协定中,数字贸易条款通常体现了促进数字经济发展和数字贸易自由化的目标。这些条款通常包括保护数字内容和知识产权、促进电子商务、降低电子交易壁垒等方面的内容。

在区域贸易协定的数字贸易条款中,涉及数据流与数据隐私保护的问题日益受到重视。随着全球数字化进程的加速,数字数据的流动性成为推动经济增长和合作的重要动力。然而,数据的流动必然伴随着数据隐私保护的问题。因此,数字贸易条款通常会对数据流动进行规范和管理,并确保数据的安全和隐私得到充分保护。

区域贸易协定数字贸易条款还体现了对数字经济新兴领域的关注。数字经济的发展带来了新的商业模式和技术创新,包括云计算、人工智能、大数据等。为了进一步推动数字经济的发展,数字贸易条款通常会对这些新兴领域进行规范和促进,为数字经济的发展提供相应的法律框架和保障。

区域贸易协定中的数字贸易条款往往强调合作与互惠的原则。数字贸易的发展需要各成员之间的合作与协调,以便有效地解决跨国数字经济交易带来的问题和挑战。因此,数字贸易条款通常会鼓励各成员间相互合作,促进信息共享、技术转让和经验交流,以实现数字贸易的共赢局面。

数字贸易条款还会涉及争议解决机制的安排。由于数字贸易涉及多个国家和地区以及利益相关方,很容易引发争议。因此,在区域贸易协定中,数字贸易条款通常会明确规定争议解决的机制和程序,以便有效地解决争议,维护各方的权益和合作关系。

二、区域贸易协定数字贸易条款的争议与挑战

(一)主要争议梳理

在区域贸易协定数字贸易条款中,存在着一些主要的争议。其中一个争议是关于数据流的限制和保护。数字化时代,数据的自由流动被视为促进经济增长、

创新和国际合作的关键因素。然而,部分国家和地区担心数据泄露、隐私侵犯和经济间谍活动等问题,因此倾向于采取措施限制跨境数据流动。这就引发了关于如何在合理范围内平衡数据的自由流动与数据保护之间的争议。

知识产权保护也是一个引发争议的问题。数字贸易涉及大量的知识产权,包括软件源代码、数字内容、技术解决方案等。在区域贸易协定中,如何保护知识产权并促进创新是一个备受争议的议题。一些成员主张加强知识产权保护,以鼓励创新和技术转让;另一些成员则对知识产权保护提出质疑,认为其可能对发展中国家的经济增长和技术转让产生不利影响。

数字贸易条款中的数据本地化要求也引发了一定的争议。有些成员提出要求,要求数据存储和处理在国内进行,以确保数据的安全和主权。然而,这种要求可能对跨国企业和服务提供商造成负担,并阻碍数字贸易的发展。各成员在如何平衡数据本地化要求与数字贸易自由流动之间的争议上存在分歧。

法律和监管框架的统一与协调也是一个重要的争议问题。数字贸易涉及多个成员之间的交流与合作,但各成员的法律和监管框架却各不相同。这就导致了在数字贸易协定中如何实现法律和监管要求的一致性与协调性的争议。各成员如何协调各自的法律制度和监管措施,以促进数字贸易的顺利进行,则成为一个具有挑战性的问题。

(二)挑战解读

在区域贸易协定数字贸易条款的实施过程中,不可避免地面临着一系列挑战。这些挑战涉及政策、技术、经济等多个领域。

1.技术挑战

随着数字技术的飞速发展,数字贸易的规模和复杂性大大增加,要求各成员能够应对新兴技术的应用和发展。特别是在数据保护、网络安全和知识产权保护等方面,各成员之间存在着差异和分歧,如何在数字贸易中建立有效的合作机制,是一个亟待解决的挑战。

2.制度挑战

不同国家和地区拥有自己独特的法律制度和监管机制,在数字贸易中可能存在着制度上的不一致性和冲突。这给跨境数字贸易的发展带来了一定的障碍和限制。因此,各成员需要通过加强沟通和合作,促进制度间的互认和协调,建立跨境数字贸易的共识和规则。

3.经济挑战

数字贸易的发展给传统产业和就业结构带来了巨大的冲击和调整压力。某些行业和地区可能因为不能适应数字经济的发展而受到负面影响。因此,各成员需要积极关注产业转型和人力资源的培养,提供支持和引导,推动数字贸易与传统经济的良性互动。

4.安全挑战

随着数字贸易的扩大,网络安全和数据保护问题日益凸显。网络攻击、数据泄露等安全事件频繁发生,给数字贸易的可靠性和信任带来了挑战。因此,各成员需要加强网络安全的合作,建立起相互信任的机制,共同应对安全挑战。

针对这些挑战,中国应采取一系列应对策略。加强技术创新和人才培养,提升数字贸易的核心竞争力。推动国内法律制度的完善和加强,促进与国际规则的对接。积极参与国际合作,推动建立起全球数字贸易治理体系。强化网络安全和数据保护,加强与他国间的合作与合同的签订和推进。

三、区域贸易协定数字贸易条款对中国的影响

(一)对中国数字贸易的影响

数字贸易的发展为中国提供了更广阔的市场机遇。随着互联网和信息技术的迅猛发展,中国企业可以利用数字平台,将产品和服务推向全球。这将为中国的出口企业提供更多的销售渠道,并在全球市场上取得更大的竞争优势。

数字贸易条款的制定也为中国企业在知识产权保护方面提供了更多的保障。在数字贸易中,知识产权的保护尤为重要。通过区域贸易协定,各成员可以达成共识,采取一致的法律规定,在数字贸易中保护知识产权。这将促使中国企业更加注重自主创新,加强知识产权的保护和运用,提升自身竞争力。

数字贸易条款还对中国的电子商务发展起到了积极的推动作用。电子商务作为数字贸易的重要组成部分,已经成为国际贸易中的重要渠道和方式。区域贸易协定的数字贸易条款可以为中国的电子商务发展提供更加稳定和可预期的法律环境,鼓励更多的企业参与到电子商务中,促进电子商务市场的繁荣和创新。

数字贸易条款的实施也面临一些争议与挑战。首先是数据流动的问题。在数字贸易中,数据的流动是必不可少的。但是,不同国家和地区之间的数据隐私和安全保护规定存在差异,这给数据流动带来了困难。因此,在制定数字贸易条款时,需要各成员充分协商和沟通,找到解决数据流动问题的方式和方法。

数字贸易条款的执行也需要相关成员能够共同合作。数字贸易涉及广泛的领域和利益相关方,各方之间需要建立合作机制,加强信息共享和沟通,共同应对与数字贸易相关的问题和挑战。只有通过国际合作,才能够更好地推动数字贸易的发展,并规范数字贸易的运作。

对于中国来说,区域贸易协定数字贸易条款带来的影响既是机遇也是挑战。中国应积极主动参与数字贸易条款的制定,发挥自身在数字经济领域的优势,争取更多的利益空间。同时,中国还应加强对数字贸易的监管和管理,提高自身的竞争力,积极应对数字贸易带来的挑战。通过有效的政策制定和措施实施,中国可以更好地适应数字贸易时代的发展,并为经济的稳定和可持续发展做出贡献。

(二)对中国法律制度的影响

数字贸易条款要求各成员在保护知识产权方面采取更加严格的措施。这意味着中国需要加强知识产权保护的法律框架,并且加大对侵权行为的打击力度。这对中国的法律制度提出了更高的要求,需要在立法、执法和司法实践等方面进行改革和完善。

数字贸易条款对数据流通和数据安全方面的要求也对中国的法律制度构成了挑战。数字贸易涉及跨境数据传输和隐私保护等问题,要求各成员制定相应的法规和政策来规范这些活动。中国需要加强对个人数据保护的法律保障,同时制定相关的数据安全和数据保护措施,以确保数字贸易的顺利进行。

数字贸易条款涉及电子商务领域的监管问题,对中国的法律制度提出了新的要求。随着电子商务的快速发展,涉及电子商务的法律法规需要与时俱进,以适应新的业务模式和技术发展。这需要中国在法律制定过程中更加注重电子商务的特点和需求,加强电子商务法律的立法和修订。

(三)对中国经济发展的影响

在区域贸易协定的数字贸易条款下,中国的经济发展受到了各种影响。数字贸易的自由化与便利化对中国的外贸出口起到了积极的推动作用。数字贸易的发展使跨境电商逐渐成为中国出口的新引擎,许多中国企业通过这一渠道将产品推向全球市场,进一步扩大了中国的出口规模。此外,数字贸易的快速增长也带动了相关产业的发展,如电子商务平台、物流服务等,为中国整体经济增长注入了新动力。

数字贸易协定的特点带来了一些挑战和争议。数字贸易的发展对传统实体经济造成了一定程度的冲击。一些传统行业在数字化转型的过程中面临困境,就业机会减少,劳动力结构发生变化,这对中国的经济转型和升级提出了一定的挑战。数字贸易所涉及的知识产权问题也引发了争议。在数字贸易中,知识产权的保护和侵权问题成为一个重要的议题,中国作为知识产权保护相对薄弱的国家,需要加强相关法律和制度建设,以保护国内企业的创新成果和知识产权。

数字贸易的发展也带来了更加便捷的消费体验和更高水平的消费需求。中国消费者通过电子商务平台可以轻松购买全球商品,享受到国际化的消费体验。这进一步刺激了国内市场的消费需求和升级,促进了经济增长和结构优化。此外,数字贸易的发展也促进了中国与其他国家和地区在科技创新、数字产业合作等方面的交流与合作,为中国经济发展提供了更多机会和挑战。

(四)对中国社会的影响

数字贸易的不断发展和区域贸易协定中的相关条款对中国社会产生了深远的影响。数字贸易的快速增长使社交媒体和在线社交平台成为人们交流、互动和分享信息的主要渠道。这种社交媒体的兴起改变了人们的社交方式和社会交往模式,加强了社会联系的强度和广度。在数字贸易的推动下,人们可以通过社交平台获得各种信息,包括商品推广、社会事件、政治动态等。这种信息获取的便利性和广泛性对中国社会的思想观念、价值观念产生了深刻的影响。

数字贸易的发展也为中国社会的就业形势带来了一定的变化。数字经济的兴起催生了许多新兴行业和就业机会,如电子商务、云计算、人工智能等领域的相关岗位需求大幅增加。数字贸易也为传统行业带来了转型和更新的机会,推动了社会就业结构的调整和升级。数字贸易的快速发展也对传统行业的就业格局产生了冲击,一些传统岗位面临被取代和淘汰的风险。因此,中国社会需要加强技能培训和就业转型方面的政策支持,以应对数字贸易对就业的影响。

数字贸易的兴起也给社会文化传承和保护带来了新的挑战。数字化时代的来临,使文化内容的传播和获取更加便利和快捷,这也对传统的文化保护和传承提出了新的要求。数字化的传播方式也加剧了信息的碎片化和快速流动性,对社会的文化认同和价值观念产生了一定的冲击。因此,中国社会需要积极采取措施,加强对本土文化的保护和传承,注重培养公众对传统文化的认知和热爱。

四、中国的应对策略

(一)调整相关政策法规

针对区域贸易协定中数字贸易条款的影响与挑战,中国需要积极调整相关政策法规,以适应数字贸易的发展趋势。中国应加快数字贸易相关法律法规的完善和修订。目前,中国的数字贸易法律框架还比较滞后,对于一些新兴的数字贸易模式和业务形式没有明确的规定。因此,我们需要加强对数字贸易条款的研究与分析,深入了解国际先进经验,适时调整现行法规,以保护我国数字贸易的利益。

中国应建立健全数字贸易的监管机制。数字贸易的特点是快速、灵活,而且跨境交易更加频繁。因此,在监管方面需要借鉴国际先进经验,建立起高效的监管机制。加强对数字贸易平台、电子商务运营商以及相关服务提供商的监管,确保其遵守相关法规,保护消费者权益。同时,要加强对数字贸易数据的监管,保护用户个人隐私和数据安全。

中国应加大对数字贸易企业的扶持与引导。数字贸易是未来全球贸易的重要趋势,对于中国来说,要加强对数字贸易企业的支持和培育。这需要通过优化营商环境、提供税收减免政策等方式,吸引更多的企业投入数字贸易领域。同时,要加强数字贸易人才的培养与引进,提高中国数字贸易人才队伍的素质与能力,使其更好地适应数字贸易的发展。

中国还应加强国际合作与交流,参与国际标准的制定与推动。中国应积极参与国际标准的制定和制定过程,推动数字贸易规则的国际化进程。同时,通过加强与其他国家和地区的合作与交流,了解其数字贸易政策与经验,取长补短,共同推动数字贸易的健康发展。

(二)加强数字贸易领域人才培养

在互联网普及和数字经济快速发展的背景下,加强数字贸易领域人才培养显得尤为重要。人才是推动数字贸易发展的核心力量,只有具备相关专业知识和技能的人才,才能适应数字贸易的发展需求,带动数字贸易产业的蓬勃发展。

为了加强数字贸易领域人才培养,应该加大对高等教育学校数字经济和贸易相关专业的支持力度。通过增加招生计划、开设相关专业课程、提升教育质量等措施,培养更多具有数字贸易专业知识和技能的人才。还可以引入一些新的培养模式,如与企业合作的双证培养模式,通过实践教学的形式培养学生的实际操作和解决问题的能力。

加强数字贸易领域人才培养需要注重职业培训的开展。数字贸易领域的发展速度快,技术和规则变化频繁,人才需要不断更新自己的知识和技能。因此,应该加强对在职人员的培训和转岗培训,提供与数字贸易相关的培训课程和认证机制,帮助他们提高数字贸易领域的专业素养。

加强数字贸易领域人才培养还需要积极开展国际交流与合作。数字贸易是一个全球性的领域,各成员之间的经验和资源互补,可以促进数字贸易人才的培养与交流。通过与其他国家和地区的高校、研究机构、企业等合作,开展联合培养项目、学生交换计划等,推动数字贸易人才的国际化培养。

加强数字贸易领域人才培养也需要与产业发展相结合。数字贸易是一个充满活力和创新的领域,吸引了大量的创新创业人才。政府和企业可以通过设立奖励机制、创业基金等方式,鼓励更多的人才投身于数字贸易领域,推动数字贸易产业的创新发展。

(三)深化国际合作与交流

在当前数字化时代,国际合作和交流是实现数字贸易发展的重要手段。中国可以主动与相关国家和地区签订双边或多边的合作协议,以促进数字贸易的发展和监管。这样的合作协议可以涵盖数字贸易的规则制定、数据流动、网络安全等方面,以实现互利共赢。通过与其他国家和地区的紧密合作,中国可以加强自身数字贸易领域的影响力,促进国际间数字经济的合作与发展。

中国还可以通过加强国际交流与对话,推动建立全球性数字贸易规则和标准。由于数字贸易具有跨境性和高度复杂性,需要在全球范围内制定一致的规则和标准,以确保数字贸易的顺利开展。中国可以积极参与国际组织和机构的工作,如世界贸易组织(WTO)、亚太经合组织(APEC)等,通过参与国际对话、提出倡议和建议,推动数字贸易规则的制定和完善。中国还可以加强与其他国家和地区的沟通和协商,共同应对数字贸易条款所带来的挑战,共同推动数字贸易的发展。

在深化国际合作与交流的过程中,中国还应注重促进数字贸易的创新发展模式。当前,数字经济正呈现出快速发展的态势,新兴技术如人工智能、大数据、区块链等正在深刻改变传统商业模式。中国可以加强创新能力的培养,推动数字经济与实体经济的融合,通过技术创新和商业模式的创新,实现数字贸易的高质量发展。同时,中国还可以鼓励和支持本土企业参与到数字贸易领域中,培育和壮大本土数字贸易企业,提升其国际竞争力。

(四)创新数字贸易发展模式

在应对区域贸易协定数字贸易条款的影响时,中国需要创新数字贸易发展模式,以提高自身在数字贸易领域的竞争力和影响力。以下是几个创新的数字贸易发展模式。

1.积极推动跨境电商发展

跨境电商是一种通过电子商务平台实现的国际贸易活动,具有低成本、高效率等特点。中国可以进一步推动外贸企业开展跨境电商,通过跨境电商平台扩大数字贸易的规模,提升中国在全球数字贸易中的地位。加强跨境电商的监管和法律保护,保障消费者的权益,为数字贸易的发展提供良好的环境。

2.推动数字货币在国际贸易中的应用

随着区块链技术的发展,数字货币作为一种新型支付方式在国际贸易中的地位越来越重要。中国可以加快推动数字货币的研发和应用,促进数字货币的逐步国际化。通过数字货币的使用,可以降低跨境交易的成本和风险,推动数字贸易的便利化和高效化。

3.加强数字化供应链建设

数字化供应链是实现数字贸易高效运作的重要保障。中国可以加强对供应链的数字化改造,推动信息技术在供应链管理中的应用,提高供应链的可视化、智能化水平。通过数字化供应链的建设,可以实现供需匹配的精准化和及时性,提高数字贸易的效率和灵活性。

4.促进数字贸易人才培养

数字贸易的快速发展需要专业人才的支持。中国可以加大对数字贸易人才的培养力度,设立相关的专业学科和研究机构,提供培训和交流的机会,吸引和培养更多的数字贸易专业人才。加强与高校、企业的合作,促进产学研结合,推动数字贸易人才培养和实践能力的提升。

第三节　国际数字贸易规则的构建与争议

一、数字贸易规则的构建背景

(一)全球化背景下的数字贸易发展

数字化技术的迅猛发展和全球化的趋势相互交织,为数字贸易的发展提供了广阔的空间和机遇。全球化背景下的数字贸易发展具有以下三个显著特点。

1. 全球化加速了数字贸易的跨境流动

随着信息技术的快速发展,互联网的普及和电子商务的蓬勃发展,数字贸易实现了跨越国界的交流和交易。数字技术使商品和服务以电子形式进行交付和消费成为可能,大大降低了跨境贸易的成本和障碍,推动了全球供应链的整合和优化。

2. 数字贸易极大地拓展了贸易的范围与规模

传统贸易主要集中在有形商品的交易上,数字贸易则涵盖了包括数字内容、软件、服务和数据流等内在的更多类型的产品和服务。数字贸易使知识产权和数字产业成为全球贸易的新引擎,为各国经济的发展注入了新的动力。

3. 全球化促进了数字贸易的竞争与合作

全球化的趋势使得各国之间的经济联系更加紧密,数字贸易也成为国家和地区间竞争的重要领域。各国通过数字贸易来争夺市场份额、技术创新和人才流动,并通过建立国际合作机制来共同应对数字贸易所带来的挑战和风险。

(二)国际数字贸易规则的构建需求

国际数字贸易规则的构建需求是在全球化背景下产生的。随着信息技术的快速发展和互联网的普及,数字贸易在全球范围内快速增长,成为国际经济合作的重要组成部分。然而,由于数字贸易的特殊性和复杂性,现有的贸易规则不足以应对数字贸易的特殊需求,因此迫切需要构建适应数字经济时代的新型贸易规则。

国际数字贸易规则的构建需求源于全球数字化经济的发展趋势。随着互联网的普及和信息技术的发展,数字经济成为推动全球经济增长的重要引擎。数字技术的广泛应用和数字化产业的蓬勃发展使得跨国数字贸易成为全球经济合作的重要方向。然而,由于数字贸易的特殊性,如跨境数据流、网络安全和知识产权保护等问题,传统贸易规则面临着应对挑战的困境,因此需要构建专门针对数字贸易的规则体系。

国际数字贸易规则的构建需求也源于数字经济发展带来的新型商业模式和创新形式。在数字经济时代,传统贸易模式受到了颠覆和重塑。诸如电子商务、云计算、大数据和人工智能等新兴技术和商业模式深刻改变了贸易流程和商业运作方式。这些新型商业模式和创新形式给传统贸易规则带来了新的挑战,因此需要通过构建新的贸易规则来适应数字经济时代的商业实践。

国际数字贸易规则的构建需求还与数字经济时代的相关争议和挑战密切相关。数字贸易涉及网络安全、数据隐私、知识产权保护等方面的问题,不同国家和地区在这些问题上存在着差异和争议。因此,构建适应数字经济时代的贸易规则不仅需要解决技术和商业问题,还需要解决各方利益和争议的平衡,因此需要面对复杂的挑战。

针对以上需求,国际社会已经开始行动起来,积极推动国际数字贸易规则的构建。例如,世界贸易组织旗下的数字贸易协定谈判已经展开,旨在为数字贸易提供更加稳定和可预测的国际规则。同时,各个国家和地区也在双边和多边层面加强合作,共同应对数字贸易带来的新挑战。中国作为全球数字经济的重要参与者和推动者,也积极参与国际数字贸易规则的构建,为自身利益和全球贸易体系的健康发展贡献力量。

二、数字贸易规则主要议题与争议焦点

(一)数据流动与数据保护

数据流动与数据保护作为国际数字贸易规则的一个主要议题与争议焦点,牵涉到各个国家和地区之间的数据传输和隐私保护问题。随着全球信息化的快速发展,数据流动已经成为数字经济的核心驱动力。然而,不同国家和地区对于数据保护的要求存在差异,因而在国际数字贸易规则的制定过程中,如何平衡数据

流动和数据保护之间的关系成为一个十分重要的问题。

数据流动的自由与保护个人隐私之间存在一定的冲突。一方面,数据的自由流动能够促进国际数字贸易的发展,加快科技和信息的传播,创造更多的商业机会。个人隐私的保护是每个国家和地区都应该关注的重要问题。在信息时代,个人数据已经成为非常重要的资产之一,涉及个人隐私的泄露和滥用问题,会对个人的权益造成不可逆转的伤害。因此,如何在保证数据流动的自由的同时,确保个人隐私的保护成为一个需要充分考虑的议题。

数据保护法律和标准的差异也是数据流动与数据保护的一大争议焦点。各个国家和地区在制定数据保护法律和标准时往往存在差异,包括数据收集、存储、处理等方面的规定。这意味着,不同国家和地区之间要进行数据流动时,需要面对不同的数据保护法律和标准,给跨境数据流动带来了一定的困难和阻碍。因此,如何通过对话和合作,建立一套全球通用的数据保护规则,成为国际数字贸易规则制定的一大挑战。

国际数字贸易规则的制定应该更加注重数据流动与数据保护之间的平衡。既要保证数据的自由流动,促进数字贸易的发展,又要考虑到个人隐私的保护和数据安全的需求。这需要各个国家和地区之间展开广泛而深入的合作与协商,找到一个既能促进数字贸易发展又能保护个人隐私的理想平衡点。同时,也需要通过国际组织的参与,制定一套全球通用的数据保护标准和规范,从而减少数据流动时的不确定性和风险。

(二)数字技术与知识产权保护

在国际数字贸易中,数字技术的快速发展与知识产权保护成为一个重要的议题与争议焦点。数字技术的应用涉及许多创新技术和新兴领域,如人工智能、区块链、云计算等,这些技术的发展和应用对于国际贸易产生了重要影响。

数字技术的发展为贸易提供了新的机遇和方式。它促进了数字化产品和服务的交易,实现了在线购物、电子支付、跨境电商等新业态的发展。数字技术所带来的高效便捷和跨国交流的可能性,促进了国际贸易的增长和拓展,为经济发展带来了积极的推动力。

数字技术与知识产权保护之间也存在着紧张的关系与争议。数字技术的高度复制性和便捷性使得知识产权的保护面临新的挑战与困境。比如,数字化环境下的网络侵权问题频发,盗版和侵犯知识产权行为屡禁不止。知识产权的合法权益无法得到有效保护,影响了创新和技术转移的动力,也损害了创造者的创造价值。

为了解决数字技术与知识产权保护之间的矛盾与争议,国际社会积极探索着相应的规则和机制。例如,制定和完善知识产权法律体系,加强知识产权的监测与执法力度,加强国际协调合作等。此外,数字技术也在一定程度上为知识产权保护提供了新的手段和技术,如数字水印、区块链技术等,这些技术可以帮助提高知识产权的安全性和保护效果。

对于中国来说,数字技术与知识产权保护的关系具有特殊的重要性。作为全球最大的制造和贸易大国之一,中国在数字技术的不断应用和发展方面取得了长足的进步。然而,也面临着知识产权保护的严峻挑战。中国政府与各相关部门应加强知识产权保护,加大法律法规的修订和执行力度,推动培养知识产权意识和文化,以确保数字技术的健康发展和知识产权的有效保护。

(三)跨境电子商务税收问题

随着数字经济的迅速发展,跨境电子商务成为国际贸易的重要组成部分。然而,跨境电子商务税收问题日益突出,成为国际数字贸易规则的重要议题和争议焦点之一。

跨境电子商务税收问题涉及如何确定税收归属和稳定税基的核心问题。由于电子商务具有跨境性和虚拟性,传统的税收规则往往无法适应这种新型商务模式的特点。国际数字贸易规则需要明确规定各个国家和地区的税收归属原则和标准,以确保公平和有效的税收征管。

跨境电子商务税收问题涉及如何解决税收避税和滥用的问题。由于电子商务的跨境特性,很容易为企业提供避税和滥用税收规避的机会。因此,国际数字贸易规则需要建立起有效的反避税和反滥用机制,以防止企业利用跨境电子商务进行税收规避,确保税收公平和税基健康稳定。

跨境电子商务税收问题涉及如何协调国际税收体系和解决税基侵蚀和利润转移的问题。随着数字经济的发展,传统的国际税收体系已经无法适应这种新的商业模式。国际数字贸易规则需要找到解决税基侵蚀和利润转移的方法,确保各个国家和地区之间的税收公平与税基合理分配。

对于中国来说,跨境电子商务税收问题对其在数字贸易领域的发展和利益保护具有重要意义。中国是全球最大的电子商务市场之一,跨境电子商务在对外贸易和国内消费方面起到了重要作用。因此,中国应积极参与和推动制定国际数字贸易规则,为跨境电子商务税收问题提供中国的声音和建议。

在应对跨境电子商务税收问题方面,中国可以采取一系列措施。加强与其他国家和地区的税收合作和协调,共同应对税收规避和滥用问题。制定和完善跨境电子商务税收法律法规,建立起适应新业态的税收征管体系。此外,中国还可以加强国内税收政策的创新和改革,提高税收征管效率,为跨境电子商务发展提供稳定和可预期的税收环境。

三、数字贸易规则对中国的影响

(一)对中国数字贸易发展的影响

中国的数字贸易发展在近年来取得了迅猛的增长,随着国际数字贸易规则的制定和实施,其对中国的影响也愈发明显。

国际数字贸易规则的建立能够提升中国数字贸易的参与度和机会。数字贸易的快速发展为中国开启了更多的市场和合作机会,然而,缺乏统一的规则和标准限制了中国企业在国际数字贸易中的参与度。国际数字贸易规则的制定有助于消除这些限制,为中国企业提供更多的发展空间。

国际数字贸易规则的实施对中国数字贸易的监管和管理提出了更高要求。在全球化的数字贸易环境下,各个国家和地区都面临着跨境数据流动、虚拟贸易、电子商务等新挑战。国际数字贸易规则的制定和实施,意味着中国需要加强对数字贸易的监管和管理能力。这包括加强数据安全保护,制定合理的数据隐私政策,建立有效的纠纷解决机制等。中国需要在加强监管的同时,保持良好的经济竞争力,以应对数字贸易领域的竞争挑战。

国际数字贸易规则对中国数字贸易发展模式和策略的影响也不可忽视。在国际数字贸易规则的框架下,中国需要重新考虑其数字贸易发展战略。例如,中国可以采取更加开放的政策措施,吸引更多的外资和技术合作,并积极参与国际数字贸易规则的制定,为国内争取有利的政策环境。同时,中国也应加强自身的数字技术研发和创新能力,以适应全球数字贸易环境的变化。

(二)对中国数字经济竞争力的影响

中国作为全球最大的互联网市场之一,其数字经济的竞争力备受关注。国际数字贸易规则的制定和发展对中国的数字经济竞争力产生了深远的影响。

国际数字贸易规则的确立为中国数字经济的发展提供了更加稳定和可预测

的环境。通过规范和规则的制定,国际贸易中数字产品和服务的流动得以顺利进行,为中国的数字经济提供了更多的机遇和市场。

国际数字贸易规则的发展倡导了数字经济的开放和自由。中国积极参与并推动国际数字贸易规则的制定,坚持开放、包容的原则,使中国的数字经济能够与国际接轨并融入全球价值链。这种开放的态度为中国的数字经济提供了更多的合作和创新机会,进一步增强了中国在全球数字经济竞争中的地位。

国际数字贸易规则对中国数字经济的法律保护和知识产权保护起到了重要作用。随着数字经济的快速发展,知识产权的保护成为数字经济发展的关键。国际数字贸易规则的建立和完善使知识产权的保护得到了国际认可和法律支持,进一步提升了中国数字经济的竞争力。中国在加强知识产权保护方面取得了积极的成果,有效减少了侵权行为对中国数字经济发展的阻碍。

然而在国际数字贸易规则的发展也带来了一些挑战和争议。由于不同国家和地区的法律与规定存在差异,在数字贸易中的争端解决方式上仍存在一定的难度和困扰。这可能会对中国的数字经济竞争力造成一定的制约。一些发达国家对于数字技术的创新和发展存在着垄断和保护主义的倾向,这也对中国数字经济的竞争力带来了一定的挑战。

(三)对中国数字技术研发的影响

国际数字贸易规则对中国的数字技术研发产生了积极的影响,同时带来了一些挑战。

国际数字贸易规则的推进为中国的数字技术研发创造了更加稳定和开放的环境。数字技术的研发需要稳定的市场环境和广阔的市场需求,国际数字贸易规则的建立为中国企业提供了更广阔的国际市场,并保障了数字技术研发的知识产权保护和合法利益。这一规则的制定和落地,使中国的数字技术研发能够更好地参与国际竞争,提高研发水平和创新能力。

国际数字贸易规则的制定激发了中国数字技术研发的积极性和创造力。规则的建立和执行,强化了知识产权保护和技术合作的机制,促进了数字技术跨境流通和技术交流。这为中国的数字技术研发打开了更广阔的合作渠道,引入了更多的技术和创新资源,并提高了中国企业的技术创新能力和国际竞争力。中国的数字技术研发机构和企业也积极参与制定国际标准和规则,进一步提升了其在全球数字技术领域的影响力。

国际数字贸易规则给中国数字技术研发也带来了一些挑战。由于中国在数字技术领域的竞争力不断提升,国际数字贸易规则的制定也受到了一些限制和阻力。一些发达国家出于保护本国企业和技术优势的目的,采取了一些技术壁垒和限制措施,限制中国企业和技术的发展与应用。中国数字技术研发在标准制定和知识产权保护方面还存在一些不足,这导致中国企业在国际市场上面临一些技术壁垒和法律纠纷的风险。

针对这些挑战,中国需要加强自身的数字技术研发能力和创新能力,积极参与国际数字贸易规则的制定和落地,推动其对中国的数字技术研发的积极影响。同时,还需要加强知识产权保护和技术标准的制定,提高中国企业在国际市场上的竞争力。此外,加强技术创新和人才培养也是关键,只有不断提升自身的技术研发能力,才能在国际数字贸易规则下更好地回应挑战和应对国际竞争。

(四)对中国数据安全和网络主权的影响

在国际数字贸易规则的构建过程中,中国面临着诸多挑战与机遇。其中一个重要议题与争议焦点就是关于中国的数据安全和网络主权问题。随着数字经济的快速发展和互联网的普及应用,中国对于数据安全和网络主权的保护变得尤为重要。

国际数字贸易规则对中国数据安全的影响主要体现在数据流动与隐私保护方面。在数字经济时代,数据成为重要的生产要素和贸易资本。然而,不同国家和地区对数据的隐私保护、数据流动与跨境数据传输等方面存在着不同的法律法规和标准。这就给中国数据安全带来了挑战,一方面需要保护好国内数据的安全,另一方面需要谋求与国际数字贸易规则的衔接与协调。因此,中国需要制定和完善相关法律法规,加强对数据隐私的监管,并与其他国家和地区进行合作,共同促进数据安全与隐私保护。

国际数字贸易规则对中国网络主权的影响也不可忽视。网络主权是指一个国家在网络空间内行使管辖权和控制权的能力。然而,由于互联网的特点,网络界限模糊,跨国互联互通成为现实,这就使得网络主权变得复杂而棘手。在国际数字贸易规则的制定中,中国需要充分考虑网络主权问题,既要积极参与并主导国际规则的制定,又要维护自身的网络主权。这需要在国内加强网络安全法律的建设与实施,加强对网络空间的管理,推动网络主权的国际认同与保护。

国际数字贸易规则的制定对于中国数据安全和网络主权的影响还体现在全球合作与共治层面。中国应积极参与国际组织和多边机制,加强与其他国家和地区的合作与交流,推动建立起互相尊重、平等互利的国际数字贸易规则体系。只有在全球范围内共同应对数据安全和网络主权问题,才能更好地保护中国的利益,推动数字经济的繁荣发展。

四、中国应对数字贸易规则的策略

(一)积极参与国际数字贸易规则的制定

在当前全球化背景下,国际数字贸易规则的制定对于保障各个国家和地区利益、推动数字经济发展至关重要。作为全球最大的贸易国之一,中国应当积极参与国际数字贸易规则的制定,以维护自身的合法权益,推动全球数字贸易环境的公正、公平、开放。

中国应积极参与国际数字贸易规则的谈判和讨论,以争取更多话语权和影响力。在国际谈判中,中国应发挥其市场规模、技术实力和经济实力等优势,推动建立起涵盖数字贸易各个方面的综合性规则。例如,中国可以主张在国际数字贸易规则中加强对于电子商务平台的监管和规范,以提升全球数字贸易的安全性和可持续性。

中国应与其他国家和地区展开合作,促进国际数字贸易规则的共识和协调。通过加强与发展中国家的合作,中国可以帮助这些国家提升数字贸易能力,促进数字经济的发展,同时能扩大中国的合作伙伴网络,增强中国在国际数字贸易规则制定中的影响力。此外,中国还应积极参与国际组织,如世界贸易组织(WTO)等,推动更新和完善相关规则。

中国还应积极主导国际数字贸易规则中关于知识产权保护和数据流动的议题。在数字经济时代,知识产权保护和数据流动成为数字贸易中的重要问题。中国作为知识产权大国和数据流动大国,应当倡导加强国际知识产权保护合作和推动构建开放、有序的跨境数据流动体系,以保障各个国家和地区在数字贸易中的利益。

中国要加强国内法律法规的制定和完善,以适应国际数字贸易发展的需求。通过完善相关法律法规,如电子商务法、数据安全法等,可以提升中国在国际数字贸易规则制定中的话语权和影响力。此外,加强数字贸易人才培养和技术研发,促进数字经济的创新发展,也是应对国际数字贸易规则挑战的关键之一。

(二)完善国内数字贸易相关法律法规

在面对国际数字贸易规则的发展和变化时,中国需要积极应对和适应,其中完善国内数字贸易相关法律法规是必不可少的一步。

在完善国内数字贸易相关法律法规方面,中国需要加强对数字贸易的监管和管理。随着数字贸易的快速发展,涉及的问题也愈加复杂,国内法律法规的制定需要更加精细和全面。中国应该根据国际发展趋势,充分了解和掌握数字贸易的基本原则和规则,并在此基础上制定相关法律法规,以确保数字贸易的公平、有序和可持续发展。

与国际合作密切相关的是知识产权保护。随着数字经济的兴起,知识产权保护变得尤为重要。中国应该以加强知识产权保护为重点,进一步完善相关法律法规。这不仅能保护国内企业和创新发展的动力,还有利于提高中国在国际数字贸易中的竞争力。

中国需要关注数据隐私和安全的问题。在数字贸易中,存在大量的数据流动和交换,数据隐私和安全面临着严峻的挑战。为了保护个人隐私和数据安全,中国需要加强相关法律法规的完善,并主动推动国际合作,共同构建数据安全的国际规则。

要实现数字贸易的健康发展,中国还需要完善争端解决机制。在数字贸易中,难免会出现各种争议和纠纷。建立一个公正、高效、透明的争端解决机制,能够为数字贸易参与方提供有效的解决途径,确保权益的合理保护和维护。

(三)提升中国数字经济的国际竞争力

中国需要加强数字基础设施建设。数字经济的发展离不开高速稳定的互联网连接,而互联网基础设施的建设是确保数字经济顺利运行的关键。因此,中国应加大对互联网基础设施建设的投入,提高网络带宽和传输速度,推动5G网络的普及和应用,以提升中国数字经济的运行效率和竞争力。

中国应加强人才培养和引进,以推动数字经济的创新发展。数字经济时代要求具备创新能力和技术专长的人才,而这些人才的培养需要长期的投入和持续的支持。中国应加大对高等教育和职业教育的投资,培养更多具备数字经济相关知识和技能的专业人才。为了吸引全球优秀人才,中国还应制定更加灵活和便利的人才引进政策,吸引国际一流的数字经济专业人才加入中国的数字经济发展队伍。

中国应加快数字经济与传统产业的融合,以增强数字经济的国际竞争力。传统产业的数字化转型是提升中国数字经济竞争力的重要途径之一。中国应加大对传统产业的数字化改造力度,推动传统产业与数字经济的融合发展。通过引入先进的信息技术和数字化生产方式,提升传统产业的效率和质量,并与数字经济产业链深度融合,实现优势互补和协同发展。

中国应加强对数字经济发展环境的改善,提升国际企业在中国数字经济领域的竞争力。为了吸引更多国际企业投资和参与中国的数字经济发展,中国应进一步拓宽市场准入,加强知识产权保护,改善营商环境。只有营造公平竞争和法治化的环境,才能吸引更多优秀的国际企业参与到中国数字经济的发展中来,提升中国数字经济的国际竞争力。

(四)加强数据安全和网络主权的保护

为了应对国际数字贸易规则的挑战,中国需要加强数据安全和网络主权的保护。数据安全是数字贸易的关键,网络主权则是保障国家信息安全和发展数字经济的基础。下面将重点探讨中国在加强数据安全和网络主权保护方面的策略。

中国需要完善相关法律法规,以确保对数据安全和网络主权的保护。加强数据保护的法律框架,制定相关法规和措施,明确数据的产权、使用权和保护责任,加强个人信息保护,严禁数据跨境流动中的隐私泄露问题等。完善网络主权法律法规,明确网络空间的主权范围和权力边界,加强对网络安全事件的处置和应对,建立全面的网络安全保护体系。

中国需要加强对关键信息基础设施的保护,确保数字经济运行的安全。关键信息基础设施是数字经济的重要支撑,一旦遭受攻击或破坏,将对国家经济和社会造成严重影响。因此,中国应加强关键信息基础设施的安全防护,制定相关安全标准和技术规范,加强网络安全监测和防御能力,及时发现和应对安全威胁,确保数字经济的安全稳定运行。

中国还需要加强数据安全和网络主权的国际合作,以共同应对跨国互联网公司的数据垄断和滥用问题。中国可以加强与其他国家和地区的数据安全合作,推动建立国际数据流动规则,促进数据的公平、安全和有序流动。通过加强技术创新和自主研发能力,降低对外依赖,提升自主掌握核心关键技术的能力,以增强数字经济的竞争力和抵御外部威胁的能力。

第五章　数字经济与国际贸易的创新实践

第一节　全球供应链的数字化转型

一、全球供应链数字化转型的背景与动因

(一)全球化经济环境下的供应链挑战

在全球化经济的背景下,供应链的特点和挑战也发生了许多变化。全球供应链的发展使企业面临着来自全球范围内的竞争,市场需求也变得更加多样化和复杂化。这给供应链管理带来了许多挑战。

全球化经济环境下的供应链面临着全球化的风险。因为供应链涉及多个国家和地区,跨国运输和跨境贸易中存在着政治、经济、法律等多方面的风险。例如,货物在运输过程中可能会遭受损坏或丢失,各国之间的政策变化可能导致贸易摩擦和关税上升。因此,供应链管理者需要更加关注风险管理,采取有效的措施来降低风险。

全球化经济环境下的供应链面临着供需不平衡和供应链中断的挑战。随着全球市场的扩大,企业面临着来自全球市场的需求变化。供应链管理者需要及时了解市场的需求趋势,以便调整供应链的生产和供应策略。供应链中的一环出现问题可能会导致整个供应链的中断,进而影响到整个供应链的运作。因此,供应链管理者需要建立弹性供应链,提高供应链的韧性,以应对不可预测的情况。

全球化经济环境下的供应链面临着信息化和技术应用方面的挑战。随着信息技术的快速发展,供应链管理者需要不断跟进信息技术的应用和创新,以提高供应链的效率和响应能力。例如,借助物联网技术,可以实现供应链的全程可追溯、监控和管理。通过大数据分析,可以更好地了解市场需求和供应链运作情况,并做出相应的调整。因此,供应链管理者需要紧跟时代的步伐,加强对信息技术的学习和应用。

(二)数字化转型的必要性

随着全球化的加速发展,供应链的规模和复杂度不断增加,传统的供应链管

理方式已经无法满足快速变化的商业环境需求。数字化转型提供了一种强有力的工具和方法,可以帮助企业提高供应链的响应速度、准确性和效率,从而获得竞争优势。

1.提升供应链的可见度和透明度

传统的供应链管理往往面临信息不对称的问题,供应链各环节之间的信息流通不畅,导致信息延迟和信息断层。而数字化转型通过应用先进的信息技术,打通信息孤岛,提供了全方位的实时数据和可视化的供应链信息,使企业能够更好地了解各环节的运行状况和关键指标,实现供应链的可视化管理。

2.提高供应链的灵活性和敏捷性

市场需求的不断变化和不确定性给传统供应链带来了很大的压力。数字化转型可以借助先进的预测和分析工具,快速识别市场趋势和需求变化,及时调整供应链策略和运作模式,减少反应时间,提高灵活性和敏捷性。

3.促进供应链的协同合作和信息共享

传统的供应链往往存在着信息孤岛和信息封闭的问题,各环节之间缺乏有效的协作和沟通。通过数字化转型,企业可以建立起供应链伙伴之间的紧密联系,实现信息共享和数据整合,促进跨组织的协同合作和共同创新,提高整个供应链的绩效和效率。

4.为企业带来更好的商业机会和竞争优势

数字化技术的应用可以帮助企业发现和挖掘新的商业模式和市场机会,打造个性化的供应链解决方案,满足不同客户的个性化需求。数字化转型也可以帮助企业提高供应链的运营效率和成本控制,降低运营成本,提高企业的盈利能力和竞争力。

(三)数字化转型的推动力量

数字化转型是全球供应链发展的必然趋势,其推动力量主要来源于以下几个方面。

信息技术的飞速发展为数字化转型提供了强有力的支持。随着云计算、大数据、人工智能等技术的不断创新和应用,供应链管理变得更加智能化、高效化和灵活化。例如,利用大数据分析技术,企业可以实时监控供应链各环节的数据,及时发现问题并进行调整,从而提高供应链的运作效率。

全球化经济的快速发展也成为数字化转型的推动因素。全球化经济使得供应链的复杂性不断增加,传统的供应链管理方式已经无法应对这种复杂性。数字化转型则能够帮助企业实现供应链的全球化管理,提高供应链的透明度和可追溯性,降低供应链风险,进一步推动供应链的数字化转型进程。

消费者需求的变化也是推动供应链数字化转型的重要因素。随着消费者对个性化、定制化产品需求的增加,企业需要通过数字化转型来提升供应链的灵活性和响应速度。例如,一些企业通过引入物联网技术,实现对产品生命周期的全程跟踪和管理,从而满足消费者对高质量、安全和可追溯的产品的需求。

全球供应链数字化转型还受到政府政策的推动。多个国家和地区纷纷出台政策措施,鼓励和支持企业进行数字化转型,推动供应链的协同、信息共享和创新能力提升。

二、全球供应链数字化转型的主要领域与技术应用

(一)物流与仓储领域的数字化

随着数字技术的不断发展,物流与仓储的数字化已经成为提升供应链效率和降低成本的重要手段。在物流领域,数字化转型主要集中在物流网络和运输管理方面。

物流网络的数字化是指利用信息技术建立高效的物流网络系统。通过数字化技术,物流企业能够实时跟踪货物的运输过程,提供准确的物流信息,从而更好地掌握物流环节中的运作情况。例如,采用物联网技术,物流企业可以实时监控货车的位置和运输状态,提前预警并解决潜在的物流问题,有效提高物流的可靠性和准时性。

运输管理的数字化是指利用先进的数字技术对运输过程进行全面管理和优化。传统的物流运输往往存在着信息不对称、调度不及时、效率低下等问题。基于数字化转型,物流企业可以通过运输管理系统实现对运输过程的精细化控制。例如,采用智能调度系统,物流企业可以根据实时的运输需求和交通状况,智能地优化运输路线和资源调配,提高物流运输效率和成本控制。

此外,仓储领域的数字化也是全球供应链数字化转型中的重要方向。通过数字化转型,仓储企业可以实现仓储环节的精准管理和智能化操作。借助物联网、

云计算等技术,仓储企业能够实时监测仓库存储情况,精确掌握库存量、库位利用率等关键指标。利用机器人、自动化设备等技术,仓储企业可以实现自动化仓储操作,提高仓库作业效率和准确性。

(二)生产领域的数字化

传统生产模式已经逐渐过时,数字化技术的应用为生产领域带来了极大的变革与创新。在生产过程中,数字化技术的应用不仅提高了效率和灵活性,还提高了产品质量和客户满意度。

生产领域的数字化使生产过程更加智能化和自动化。借助物联网、大数据分析和人工智能等先进技术,企业可以实现从生产计划到生产执行的端到端数字化管理。生产设备通过传感器和互联网的连接,实现设备之间的协同和自动化操作。生产数据的采集和分析也为企业提供了实时的生产状态和运行指标,帮助企业做出及时的决策和调整。

在数字化生产中,企业也越来越注重生产过程的灵活性和个性化。通过数字化技术的应用,企业可以实现产品的批量定制和灵活生产。借助虚拟现实和增强现实技术,企业可以在设计阶段进行虚拟样机的展示和优化。生产过程中的自动化和柔性化配置使企业可以快速响应市场需求的变化,实现生产的快速迭代和灵活供应。

数字化技术的应用还使企业能够更好地优化供应链协同与合作。通过云计算和协同平台,企业与供应商、合作伙伴可以实现实时的信息共享和协同决策。数字化生产使企业的供应链更加智能化和协同化,实现了生产、物流和仓储的高效衔接和协调。

数字化生产也面临一些挑战与应对策略。数字化技术的应用需要企业具备相应的技术能力和人才储备。企业需要加深对数字化技术的理解和认知,并与专业机构和供应商合作,共同推进数字化转型。数字化生产还涉及信息安全和数据隐私等重要问题,企业需要加强信息安全意识和保护措施,确保关键数据的安全和可靠性。

(三)销售与服务领域的数字化

在全球供应链数字化转型中,销售与服务领域的数字化扮演着重要的角色。传统的销售与服务模式已经无法满足消费者日益增长的需求,而数字化技术的应用能够帮助企业实现销售与服务的创新,提升客户体验感,增强市场竞争力。

销售领域的数字化使企业能够以更加精准的方式找到潜在客户并进行营销活动。通过数据分析技术,企业可以获取关于消费者的详细信息,包括消费偏好、购买习惯等,从而实现精准营销。例如,企业可以通过社交媒体平台了解消费者的兴趣爱好,通过推送个性化的产品信息和优惠活动来吸引他们的注意。

数字化技术在销售过程中实现了更加高效的交付和物流管理。通过物流信息系统和供应链管理平台,企业可以实时追踪产品的运输、仓储和配送情况,从而减少了物流成本和配送时间,提高了供应链的效率和可靠性。例如,企业可以利用物联网技术实时监控货物的位置和温度,确保产品在运输过程中不受损坏。

数字化转型还推动了销售与服务领域的创新模式。通过应用虚拟现实(VR)和增强现实(AR)技术,企业可以为消费者提供更加沉浸式的购物体验。消费者可以通过虚拟现实技术在虚拟商场中浏览产品并模拟试穿,或者通过增强现实技术在实体店面中获取更多的产品信息和推荐。这种创新的销售模式不仅提高了消费者的参与度和满意度,还为企业带来了更多的销售机会。

销售与服务领域的数字化转型也面临着一些挑战。数字化技术的应用需要企业具备相应的技术和人才资源。企业需要投入大量的时间和资金来建设数字化系统,同时还需要培养员工的数字化素养。随着数字化程度的提高,企业需要面对数据安全和隐私保护等问题。保护客户的个人信息和交易数据成为数字化转型中的一大考验。

面对这些挑战,企业可以采取一些应对策略。建立跨部门的数字化转型团队,整合技术和业务资源,加强沟通和协作。定期进行数字化转型的评估和优化,不断迭代改进。加强安全监控和风险管理,建立健全的数据保护机制,确保客户数据的安全和隐私。

第二节　技术创新与贸易融资的新模式

一、技术创新对贸易融资的影响

(一)技术创新的定义与形态

技术创新是指通过引入新的科学知识、技术工具或者制度安排来改变产品、服务或者生产过程,从而创造经济或者社会价值的过程。技术创新的形态可以分为四个方面。

产品创新是指在现有产品或服务的基础上进行改进或者引入全新的产品或服务。这种创新常常意味着产品设计、功能改进、性能提升等方面的突破。

商业模式创新是指通过改变产品或服务的销售、交付方式，以及与客户和供应商的互动方式，重新设计企业的商业模式。这种创新通常与营销策略、渠道管理、客户关系管理等方面有关。

生产过程创新是指通过引入新的生产技术、工艺或者管理方式，提高生产效率、降低成本或者改善产品质量。这种创新常常涉及流程优化、自动化设备的引入、生产线改造等方面。

制度创新是指通过改变制度安排或者规范，促进技术创新的推动和应用。这种创新涉及政府政策的完善、知识产权保护、创新创业环境的改善等方面。

（二）技术创新对贸易融资的直接影响

1.提供了更加高效便捷的工具和手段

随着信息技术的迅速发展，互联网和电子商务等新技术的运用，传统的贸易融资方式受到了极大的改变。通过电子商务平台，贸易双方可以便捷地进行交易和支付，减少了传统贸易融资所需的烦琐流程，提高了资金使用效率，降低了可行性研究和审核成本。

2.提供了更加精准的风险评估和控制手段

传统的贸易融资在风险管理方面存在一定的局限性，难以精确评估贸易融资所涉及的风险。而在技术创新的推动下，大数据分析、人工智能等技术的应用使得风险评估更加精准。通过对市场和行业数据的分析，可以更好地预测风险，并采取相应的措施进行控制。这有助于提高贸易融资的安全性和可靠性，减少不确定性，吸引更多投资者参与贸易融资。

3.提供了更广阔的市场和合作机会

随着全球化进程的不断推进，国际贸易规模日益扩大，贸易融资需求也逐渐增加。而技术创新使得跨国贸易更加便利，促进了不同国家和地区之间的贸易合作。跨境电子商务、区块链技术等的应用，增强了贸易融资的国际化程度，加速了资本的流动，为贸易融资的发展提供了更大的空间和机会。

(三)技术创新对贸易融资的间接影响

1. 提供了更广阔的辅助功能

随着技术的进步,云计算、大数据、区块链等现代金融科技被广泛应用于贸易融资领域,为贸易融资提供了更高效、更便捷的辅助支持。通过云计算平台,贸易融资主体可以实时获取到交易数据,并进行智能分析和决策,提高了贸易融资的信用评估和风险管理效率。区块链技术的应用则提供了可信的交易记录和信息共享平台,有助于降低贸易融资中的盗窃、伪造等风险,提高了贸易融资的安全性和可信度。因此,技术创新为贸易融资提供了更加可靠和安全的辅助功能。

2. 促进了贸易融资的创新发展

在全球经济快速发展的背景下,不断涌现出新的贸易模式和业务需求。技术创新为贸易融资提供了创新的途径和工具,推动了贸易融资新模式的出现。以供应链金融为例,随着物联网技术的发展,货物的物流信息可以实时追踪并上传到供应链金融平台,基于这些信息,供应链金融机构可以为供应链各参与方提供专业定制化的融资服务,降低供应链的融资成本和风险。技术创新也催生了跨境电商贸易融资这一新兴领域,通过电子商务平台和支付系统的支持,跨境电商企业可以更加方便快捷地获得贸易融资支持,扩大海外市场份额。因此,技术创新为贸易融资注入了新的活力和创新力。

3. 提升了贸易融资的效率和可持续发展能力

传统的贸易融资过程通常烦琐且周期长,需要大量的纸质文件和人工审核程序。技术创新的应用则可以实现贸易融资的数字化和自动化,从而提高贸易融资的效率和处理速度。例如,通过人工智能技术,可以快速识别贸易融资中的风险点和问题,并提供相应的解决方案。

4. 提供了更多的可持续发展机会

以绿色贸易融资为例,通过技术创新,可以实现对环保项目的有效融资和监管,促进贸易融资的可持续发展。

二、贸易融资新模式的主要类型与实践案例

(一) 贸易融资新模式的分类

贸易融资是为了促进贸易活动的进行而产生的金融服务。随着技术的不断发展和创新,贸易融资也在不断演进,出现了许多新颖的融资模式。下面将对贸易融资新模式进行分类,并对每种模式进行简要介绍。

根据融资对象的不同,贸易融资新模式可以分为两大类,即供应链金融和电子商务平台的贸易融资模式。供应链金融是指通过整合供应链上的各个环节,为供应链中的各方提供融资服务,以满足其资金需求。电子商务平台的贸易融资模式则是利用电子商务平台的技术和网络优势,为交易参与方提供融资支持。这两种模式各具特点,可以根据具体的需求选择合适的模式进行贸易融资。

供应链金融的贸易融资模式可以进一步细分为供应商融资、分销商融资和购买方融资等几种类型。供应商融资是指在供应链中,为供应商提供资金支持,以确保他们能够按时交货。分销商融资则是为分销商提供资金,以帮助其扩大销售规模和范围。购买方融资是为购买方提供融资支持,以减轻其负债压力,促进贸易合作的顺利进行。

电子商务平台的贸易融资模式也有多种形式。其中一个常见的模式是在电子商务平台上通过抵押、担保等方式为交易参与方提供融资支持。一些电子商务平台还会与金融机构合作,为交易参与方提供融资服务。这种模式的优势在于能够利用电子商务平台已有的信息和数据,快速评估风险,并为交易参与方提供定制化的融资方案。

(二) 电子商务平台的贸易融资模式

电子商务平台在贸易融资领域的崛起,为企业提供了更加便捷、高效的贸易融资模式。以电子商务平台为基础,通过金融机构的参与和技术创新,贸易融资的方式和流程得以革新和优化。

电子商务平台提供了基于供应链信息的贸易融资模式。通过电子商务平台上的供应链管理系统,能够实时追踪和分析商品的供应链信息,包括供应商、加工商、运输商等多个环节的数据。在这种模式下,贸易融资可以更加精准地根据供应链的各个环节来进行资金流转和风险管理。例如,当贸易企业需要获得资金以

支付供应商的货款时,电商平台可以根据供应链的信息和企业的信用情况,为其提供贸易融资服务。这种模式不仅提供了更加高效和灵活的融资方式,同时还能够减少资金流转过程中的风险。

电子商务平台还推动了以数据分析为基础的贸易融资模式的发展。通过收集、分析大数据,电商平台可以更加准确地评估企业的信用风险、经营能力和市场前景,从而为企业提供更加精准的贸易融资方案。通过对电商平台内企业的交易数据进行分析,金融机构可以更好地了解企业的经营状况和信用情况,从而制定出更加具体和合理的贸易融资政策。此外,借助于人工智能和机器学习等技术的应用,电商平台还可以对企业进行风险预警和违约预测,提前采取相应的风险控制措施,使贸易融资更加安全可靠。

(三)供应链金融的贸易融资模式

在贸易融资领域,供应链金融作为一种新兴的贸易融资模式,受到越来越多的关注。供应链金融是指基于供应链关系,在供应链上进行资金融通和风险管理的一种金融服务模式。它的核心思想是通过整合上下游企业的供应链信息和交易数据,实现资金的快速流转和风险的共担共享,以提升企业的资金效率和供应链的整体运作效果。

供应链金融的贸易融资模式主要包括三个关键参与主体:供应商、核心企业和金融机构。供应商是指向核心企业提供产品或服务的企业,核心企业则是作为贸易的买方或主导企业。金融机构在这一模式中扮演着提供资金和风险管理服务的角色。

在供应链金融的贸易融资模式中,供应商可以通过核心企业的信用背书或采购订单获得融资,以满足生产经营需求。核心企业通过将自身信用与供应链信息整合,为供应商提供融资渠道,并通过贸易背景的风险把控,减少金融机构的信贷风险。金融机构利用供应链信息和核心企业信用作为参考依据,为供应商提供资金融通服务,并通过风险的共担来提高贷款审批的效率和准确性。

一种常见的供应链金融贸易融资模式是基于应收账款的融资。核心企业在与供应商签订合同后,将应收账款转让给金融机构,以获取提前资金。金融机构根据核心企业的信用和应收账款的质量,向核心企业提供融资,从而实现资金的快速流转。而对于供应商来说,他们可以通过与核心企业的合作获取融资渠道,提高自身的资金周转效率。

除了应收账款融资,供应链金融还包括库存融资、订单融资和质押融资等多种形式。这些不同形式的融资方式旨在满足供应链各个环节的资金需求,提高资金的使用效率,促进贸易的顺利进行。

三、贸易融资新模式的优势与挑战

(一)贸易融资新模式的优势

贸易融资新模式的出现为贸易融资领域带来了许多独特的优势。新的模式提供了更高效的资金流动性。传统的贸易融资模式往往需要借款人提供大量抵押品或担保,新的贸易融资模式则通过技术创新,使得资金流动更加便捷迅速。比如,通过区块链技术和智能合约,借款人可以更加快速地完成贸易融资,减少了烦琐的手续和等待时间。

通过技术创新,贸易融资新模式提供了更加灵活的融资方式。传统的贸易融资模式往往以信用为基础,对借款人的资质和信用历史有较高的要求。而新的贸易融资模式将更多的关注点放在了借款项目本身,利用大数据分析、人工智能等技术手段评估风险,并提供针对性的融资方案。这样一来,借款人无论是小型企业还是初创企业,都有机会获得更加灵活的融资支持。

贸易融资新模式的优势还包括降低了交易成本和风险。传统的贸易融资模式需要借助银行等金融机构,涉及一系列烦琐的中介操作,交易成本较高。而新的贸易融资模式通过技术创新,实现了直接的交易环节,减少了中介环节,从而降低了交易成本。通过更加有效的风险管理和控制措施,新模式也能够降低风险,保障贸易融资的安全性。

(二)贸易融资新模式的挑战

贸易融资新模式的出现无疑为贸易融资领域注入了新的活力和机遇,然而,新模式所面临的挑战也不容忽视。下面将对贸易融资新模式的挑战进行深入分析。

贸易融资新模式面临的首要问题是法律与监管的不完善。随着技术的发展和创新的出现,贸易融资新模式大多是在法律监管尚未跟进的情况下涌现出来的,这就导致了贸易融资新模式的合规性存在风险。同时,贸易融资新模式的监管标准和法律框架也需要进一步完善,以确保交易的安全性和合法性。

贸易融资新模式在技术应用和信息保护方面也面临着挑战。贸易融资新模式往往依赖于互联网和信息技术的高度发展,这给信息的传输和保护提出了更高要求。网络安全和隐私保护成为贸易融资新模式中亟待解决的问题,不仅需要技术手段的支持,还需要完善相关的法律法规。

贸易融资新模式所面临的挑战还包括市场适应性和信任建立。贸易融资新模式的推广和应用需要市场的积极响应和接受。然而,由于新模式的创新和不确定性,许多参与者对其可行性和稳定性持谨慎态度。因此,需要通过建立信任机制和对参与者进行充分信息披露,提升市场对贸易融资新模式的信任度。

(三)应对策略与建议

在面对贸易融资新模式的挑战时,企业需要采取一系列应对策略与建议,以确保其能够在竞争激烈的市场中保持竞争优势。

1.加强技术创新能力

技术创新是推动贸易融资新模式发展的关键要素,只有通过不断地研发和应用新技术,企业才能在贸易融资领域保持竞争力。因此,企业应不断优化内部研发体系,加大对科研项目的投入,积极引进和吸纳优秀的技术人才,建立与高校和研究机构的合作关系,以提升技术创新的能力。

2.加强合作与联动

贸易融资新模式的实施需要众多主体之间的紧密协作和合作,包括供应商、金融机构、国际组织等。因此,企业应积极参与相关的行业协会和商会,与同行业的企业进行交流与合作,共同推动贸易融资新模式的发展。同时,与金融机构建立密切的合作关系,通过开展联动业务、共享资源等方式,实现优势互补,提升贸易融资的效率和效益。

3.注重风险管理与控制

贸易融资新模式虽然为企业带来了诸多机遇,但也伴随着一定的风险。企业应建立完善的风险管理机制,对各类风险进行有效的识别、评估和控制,以降低风险对企业经营的影响。在风险管理方面,企业应加强对市场变化的预判和应对能力,掌握全球市场动态,并及时调整贸易融资策略,以应对可能出现的不利因素。

4.注重人才培养和团队建设

贸易融资新模式的实施需要具备相关专业知识和技能的人才支持,企业应加大对人才培养的投入,建立健全的培训体系,提升员工的专业素质和能力。同时,企业应注重团队建设,通过合理分工和有效沟通,构建高效的团队,提升协同作战能力,以应对贸易融资新模式带来的各种挑战。

第三节　数字经济的贸易便利化实践

一、贸易便利化的定义与重要性

(一)贸易便利化的定义

贸易便利化是指通过一系列的政策、措施和机制来降低国际贸易的交易成本,提高交易效率,促进贸易便捷化的经济行为和努力。贸易便利化的本质在于打破贸易壁垒、加快通关速度、提高贸易效率,为企业和消费者创造一个更加便捷和高效的国际贸易环境。

贸易便利化的定义主要包括几个方面。贸易便利化是提供市场准入和通关服务的政策和措施的集合体。这些政策和措施的目标是优化贸易流程,降低进出口商品的交易成本,提高贸易效率。贸易便利化是为了促进国际贸易自由化和便捷化而采取的措施和机制。它旨在为企业提供更加便捷的贸易环境,降低进入新市场的门槛,促进国际贸易的繁荣发展。贸易便利化是国际合作的重要领域之一。国际贸易伙伴应共同努力,通过协商、协定和合作来推动贸易便利化的实现。

(二)贸易便利化的重要性

1.有助于推动国际贸易的发展

通过降低关税和非关税壁垒以及简化贸易手续,贸易便利化能够降低贸易成本、提高贸易效率,进而促进跨境贸易的增长。研究表明,贸易便利化可以促使国家之间的贸易额增加,为全球经济注入新的动力。

2.对于促进经济增长具有重要作用

经济学理论认为,贸易的顺利进行可以促进资源配置的优化,扩大市场规模和经济规模,提升劳动生产率和经济效益。贸易便利化可以带来更加高效的国际分工和资源配置,提高生产率和竞争力,从而推动经济的持续增长。

3.对于发展数字经济具有重要意义

随着数字技术的迅速发展,数字经济已成为推动经济增长和创新的重要引擎。贸易便利化可以降低数字经济发展中的壁垒和障碍,促进数字经济产业链的畅通和数字经济产品与服务的跨境流通。通过提供更加便捷的国际贸易环境,贸易便利化能够激发数字经济的潜力,推动数字经济的蓬勃发展。

二、数字经济的贸易便利化实践

(一)数字经济下的贸易便利化的特点和趋势

随着数字经济的快速发展,贸易便利化在数字化时代得到了更多的关注和重视。数字经济为贸易便利化提供了新的机遇和可能性。在数字经济下,贸易便利化实践呈现出一系列新的特点和趋势。

数字经济下的贸易便利化实践借助了先进的信息通信技术和电子商务平台,使贸易过程更加高效和便捷。通过互联网和物联网技术的应用,贸易流程得以电子化和自动化,从而加速了贸易的速度和效率。例如,电子商务平台的出现使得跨境贸易可以在线完成,无须实体渠道的参与,大大降低了贸易的时间和成本。

数字技术的广泛应用改变了传统的贸易模式和方式,推动了贸易便利化的进程。例如,人工智能技术的应用使得贸易合规审批更加智能化和高效化,减少了人为因素的干扰和误判。区块链技术的引入增加了贸易的透明度和可追溯性,降低了贸易风险和欺诈的可能性。数字技术的应用使贸易便利化更加安全、可靠和可信。

数字经济的发展也为贸易便利化提供了更广阔的市场和机会。数字经济突破了传统的空间限制,使跨境贸易更加便利。通过数字平台的连接,中小微企业有机会参与到全球贸易中,扩大了其市场份额。数字经济的崛起使贸易的规模和范围得以扩大,促进了全球贸易的增长和发展。

(二)数字技术在贸易便利化中的应用案例

在数字经济快速发展的时代,数字技术在贸易便利化中的应用愈发重要。通过运用先进的数字技术,贸易便利化取得了一系列显著的成果和突破。以下是一些令人瞩目的应用案例。

电子商务平台的崛起为贸易便利化带来了巨大的推动。通过电子商务平台,商家和消费者之间的直接联系得以实现,大大缩短了贸易链条,减少了中间环节,从而提高了贸易效率。

数字支付系统的发展也为贸易便利化带来了革命性的变化。传统的贸易结算方式存在诸多不便,而随着数字支付技术的普及,贸易支付变得更加迅速、便捷和安全。以比特币为代表的加密货币的出现,为跨境贸易提供了一种无须第三方机构介入的支付方式,极大地简化了贸易结算流程。这种去中心化的数字支付系统降低了交易成本,提高了贸易效率。

物联网技术的应用也为贸易便利化带来了巨大的变革。通过将传感器与物品相连接,物联网技术实现了物品的自动识别、追踪和监控。在贸易领域,物联网技术可以使物流过程更加高效,减少货物丢失和损坏的风险。例如,物联网技术在国际贸易中的应用可以实现对货物的实时监控,货物的运输状况、温度和湿度等信息可以通过物联网传感器实时传输至相关人员,从而确保货物的安全和质量。

(三)数字经济对贸易便利化的推动作用

1.实现了贸易过程的自动化和电子化

通过电子商务平台和数字化的贸易流程,企业可以更快速、更高效地完成贸易活动。数字化的操作和管理,如电子海关申报、在线支付等,不仅节省了时间和成本,还减少了人为错误和信息丢失的风险,使贸易流程变得更加便捷和可靠。

2.提供了新型的贸易模式和机会

随着互联网的普及和数字技术的创新,新兴的数字经济模式如共享经济、跨境电商等快速发展。这些模式不仅提供了更多的贸易选择,还打破了传统贸易模式的限制和壁垒。通过利用数字技术,企业可以打破地理和时间的限制,与全球范围内的供应商、合作伙伴和客户进行直接交流和合作。这种便利和广泛的联系促进了贸易的开展和扩大,为经济发展带来了新的机遇。

3.推动了贸易的服务化和高附加值发展

数字技术的发展和应用为服务贸易提供了新的增长点。通过数字平台和在线服务,企业可以提供出口服务和远程服务,从而突破了传统贸易中依赖实体产品的限制。在数字经济的支持下,知识、技术和专业服务的跨境交流和合作更加便捷和高效。这不仅提供了更多的贸易机会,也提高了贸易的附加值和竞争力。

三、对国际贸易的影响与贡献

(一)贸易便利化对国际贸易流通的影响

贸易便利化作为国际贸易发展的重要组成部分,对国际贸易流通起着显著的影响。贸易便利化能够降低贸易的成本,提高贸易效率。通过简化贸易手续、加速通关流程,减少贸易环节,贸易便利化能够有效降低贸易的时间和成本。例如,一些国家和地区通过建立单一窗口系统,实现了贸易手续的电子化和自动化,极大地简化了贸易流通中的手续办理时间和成本,提高了贸易效率。贸易便利化有助于促进国际贸易的增长与扩展。贸易便利化能够降低市场准入壁垒,扩大贸易伙伴的范围和数量。当贸易手续简化、通关流程加快时,更多的企业和个人将被鼓励参与国际贸易活动。这将促使贸易的增长和扩展,推动国际经济的发展。贸易便利化还有助于促进国际贸易的多样化与平衡化。通过降低贸易壁垒和提高贸易便利性,贸易便利化能够促进不同国家和地区之间的贸易往来。这有助于推动国际贸易的多元化和平衡发展,减少贸易的单一依赖,增强整体经济的稳定性和可持续性。

(二)贸易便利化对国际经济的贡献

贸易便利化缩短了跨境贸易的时间和成本,提高了贸易效率。通过简化和标准化贸易流程,加快通关速度,减少了货物等待和堆积的时间,减少了物流的成本。同时,通过贸易便利化措施的推行,降低了关税和非关税壁垒,使贸易更加便宜和灵活,促进了贸易的自由化和公平竞争,刺激了贸易的增长。

贸易便利化促进了国际投资和跨国企业的发展。通过降低投资门槛、优化投资环境和保障投资权益,贸易便利化吸引了更多国际投资和跨国企业进入市场。这些投资和企业的到来,带来了资本、技术和管理经验,推动了本地产业的升级和转型。跨国企业的发展也带动了就业的增长和经济活动的增加,为国际经济注入了新的活力。

贸易便利化还促进了资源的优化配置和经济结构的升级。通过贸易便利化,各国可以更加便捷地获取和利用海外资源,不再局限于国内资源,这使资源的供给更加多样化,不仅降低了生产成本,还提高了生产效率和产品质量。贸易便利化也促进了经济结构的升级。国家和企业可以更加灵活地选择和配置产业,更好地适应和引领国际经济发展潮流,提高了经济的竞争力和抵御风险的能力。

(三)贸易便利化对国际贸易规则的影响

贸易便利化作为一项重要的国际贸易政策举措,对于国际贸易规则的影响不可忽视。贸易便利化倡导简化和统一的贸易程序和流程,这对于国际贸易规则的制定和实施都起到了积极的推动作用。

贸易便利化缩短了贸易流通的时间和成本,使跨境贸易变得更加高效和便捷。这对于国际贸易规则的制定产生了影响,推动了贸易规则的更新和适应性调整。随着贸易流通时间的缩短,现行国际贸易规则在面对贸易的高速发展和变化时也需要相应地进行调整和完善,以更好地适应贸易便利化的实际需求。

贸易便利化要求提高贸易的透明度和可预测性,这也对国际贸易规则的制定产生了深远的影响。透明度和可预测性是国际贸易规则的重要原则,贸易便利化的实践要求各国制定和遵守明确的贸易规则,以保证贸易的公平性和可靠性。因此,贸易便利化对国际贸易规则的要求和标准提出了更高的要求,促使国际贸易规则进一步完善和规范。

贸易便利化对国际贸易规则的影响还体现在对贸易壁垒的削减和贸易自由化的推动上。贸易便利化的目标之一就是通过降低贸易壁垒,提高贸易自由化水平,进而推动国际贸易的发展和繁荣。贸易便利化的实施可以促使各国更加重视贸易规则的公平性和非歧视性,减少各种形式的保护主义措施,进而改善全球贸易环境,为国际贸易的健康发展创造有利条件。

在贸易便利化的背景下,国际贸易规则不仅需要更加符合贸易便利化的要求,还要适应全球经济的新变化和新趋势。通过贸易便利化对国际贸易规则的影响,我们可以看到国际贸易规则正向着更加开放、公平和高效的方向发展,为全球贸易的持续繁荣做出了重要贡献。

四、贸易便利化面临的挑战与应对策略

(一)贸易便利化面临的挑战

贸易便利化作为促进国际贸易发展和经济增长的重要手段,面临着一系列挑战。随着全球贸易的增加和多样化,贸易便利化需要适应不断变化的贸易模式和需求。这意味着必须采取灵活的政策和制度措施来适应新的贸易形势。

贸易便利化过程中面临的技术挑战不容忽视。随着数字经济的迅速发展,传统的贸易方式正在发生改变,数字贸易、电子商务等新兴业态已经成为全球贸易的重要组成部分。贸易便利化需要借助先进的技术手段,如电子化海关、智能物流等,来提高贸易流程的效率和准确性。

贸易便利化面临着贸易安全和合规的挑战。在全球化的贸易环境中,恶意行为和非法贸易的风险也在不断增加。因此,贸易便利化需要在提高贸易效率的同时,加强贸易安全和合规的措施,以保障贸易的公平和可持续发展。

贸易便利化还面临着政治和经济的挑战。国际贸易是各国经济的重要组成部分,因此贸易便利化往往受到不同国家和地区的政治和经济利益的影响。不同国家和地区之间可能存在贸易壁垒和保护主义倾向,这给贸易便利化带来了一定的阻力和挑战。

(二)贸易便利化的应对策略

在面临贸易便利化的挑战时,不同国家和地区需要采取一系列的应对策略。这些策略旨在提高贸易便利化水平,加强国际贸易合作,推动全球贸易的发展。

1.加强贸易便利化的法律和政策制定

不同国家和地区需要制定和完善相关的法律和政策,以促进贸易便利化的实践。这些法律和政策应当注重简化贸易手续、降低贸易成本,并且强调透明度和可预测性。同时,各国和地区还需要建立有效的监管和监测机制,确保贸易便利化政策的落实和执行。

2.推动数字经济的发展与应用

数字经济的兴起为贸易便利化提供了新的机遇与挑战。不同国家和地区应

当利用数字技术和互联网,推动贸易流程的自动化和数字化,减少纸质文件的使用,提高贸易操作的效率和便利性。同时,还需要关注数据安全和隐私保护,确保数字经济的稳定和可持续发展。

3.加强国际合作

不同国家和地区需要加强合作,分享贸易便利化的经验和最佳实践,共同应对全球贸易面临的挑战。通过建立贸易便利化的国际标准和规则,加强信息交流和技术合作,不同国家和地区可以共同推动全球贸易的便利化进程。

4.重点关注贸易中小企业的发展和参与

这些企业在推动经济增长和就业的同时,也面临着贸易便利化困难。因此,不同国家和地区应当采取措施,支持中小企业参与国际贸易,提供贸易便利化的培训和支持,加强中小企业与大型企业的合作。

参考文献

[1]刁生富,冯利茹.重塑大数据与数字经济[M].北京:北京邮电大学出版社,2020.

[2]龙白滔.数字货币从石板经济到数字经济的传承与创新[M].北京:东方出版社,2020.

[3]袁国宝.新基建数字经济重构经济增长新格局[M].北京:中国经济出版社,2020.

[4]吴晨.转型思维如何在数字经济时代快速应变[M].杭州:浙江大学出版社,2020.

[5]李宏兵.数字经济战略下中国企业"走出去"的劳动力市场效应研究[M].北京:北京邮电大学出版社,2020.

[6]王聚师,汪俪.区块链·数字经济[M].成都:西南财经大学出版社,2020.

[7]杜庆昊.数字经济协同治理[M].长沙:湖南人民出版社,2020.

[8]尹丽波.数字经济发展报告[M].北京:电子工业出版社,2020.

[9]姚建明.数字经济规划指南[M].北京:经济日报出版社,2020.

[10]孙毅.数字经济学[M].北京:机械工业出版社,2021.

[11]宋爽.数字经济概论分社[M].天津:天津大学出版社,2021.

[12]唐怀坤,史一飞.解码数字经济[M].北京:知识产权出版社,2021.

[13]秦荣生,赖家材.数字经济发展与安全[M].北京:人民出版社,2021.

[14]杨佳艳.数字经济推动国际贸易转型升级的策略研究[M].北京:中国纺织出版社,2023.

[15]赵瑾,张宇.数字经济下的国际贸易与国际投资[M].北京:社会科学文献出版社,2021.